通常の学級でやさしい学び支援

改訂 読み書きが苦手な子どもへの〈漢字〉支援ワーク

令和6年度版 教科書対応

光村図書 2年

◇ **読めた！書けた！**漢字って簡単でおもしろい！
◇ 漢字の特徴をとらえた**新しいアプローチ！**
◇ **教科書**の新出漢字が楽しく学習できる**ワークプリント集**

竹田契一 監修　村井敏宏・中尾和人 著

明治図書

はじめに

平成十九年から全国の小中学校で一斉に開始された特別支援教育。それは、子どもたち一人ひとりがどこでつまずいているのかをしっかり把握し、その子の学び方に応じて支援をしていくという新しい教育プログラムのスタートでした。中でも読み書きが苦手な子どもたちへどのように支援していくかが大きな課題でもありました。

しかし発達障害が背景にある読み書きが苦手な子どもの場合、単なるケアレスミス、うっかりミスで出来ないのではなく、聴く力では音韻認識の弱さ、見る力では視空間処理の弱さなど大脳機能が関係する中枢神経系の発育のアンバランスが原因であることが多いのが特徴です。この場合、「ゆっくり、繰り返し教える」という学校、家庭で使われている一般的な方法では、その効果に限界がみられます。

この〈漢字〉支援ワークは新しい教科書に合わせた内容になっており、しかも教室で教わる順番に漢字学習ができるようにセットされています。またこのワークは著者の村井敏宏、中尾和人両先生方のことばの教室での長年の経験を通して子どもたちの認知特性に合わせた貴重な指導プログラムの集大成となっています。左記のような「つまずき特性」を持った子どもに対してスモールステップで丁寧に教える〈漢字〉支援のワークシートとなっています。ぜひご活用ください。

1．読みが苦手で、読みから漢字を思い出しにくい。
2．形を捉える力が弱く、漢字の形をバランス良く書けない。
3．「視機能、見る力」が弱く、漢字の細かな形が捉えられない。
4．多動性・衝動性があるため、漢字をゆっくり丁寧に書くことが苦手。
5．不注意のために、漢字を正確に覚えられず、形が少し違う漢字を書いてしまう。

漢字が苦手な子どもは、繰り返し書いて練習するだけでは覚えていけません。一人ひとりの特性に応じた練習方法があります。〈漢字〉支援ワークを使ってつまずきに応じた練習をすることにより、自分の弱点の「気づき」につながり、「やる気」を促します。

読み書きが苦手な子どもが最後に「やった、できた」という達成感を得ることが出来ることを願っています。

監修者　竹田契一

もくじ

はじめに 3
ワークシートの使い方 6
資料 漢字パーツ表 8

1学期
（教科書 光村図書2年・上19～110ページ） 9

読雪声言行南図書方絵知春思記曜肉話聞黄色黒
太毛高風晴多新考形体長近同今会社刀切内店姉
妹線汽海魚広前元岩食教光家池組後数丸点買引
羽雲夏公園通万頭来鳥歌

1 かくれた パーツを さがせ 10
2 かん字 たしざん 23
3 たりないのは どこ （かたちを よく見て） 33
4 かん字を 入れよう 46

2学期
（教科書 光村図書2年・上117～下80ページ） 57

分回直紙遠友朝顔毎当間昼半電外楽親父母兄弟
午夜科国語算活工自時帰何合里週番画用角交明
星東京古寺西止道野原台船米秋作理少谷細首鳴
心冬

3 学期

（教科書 光村図書2年・下84〜133ページ） 101

1 かくれた パーツを さがせ 58

2 かん字 たしざん 69

3 たりないのは どこ（かたちを よく見て） 78

4 かん字を 入れよう 89

戸 麦 茶 地 市 場 答 歩 才 門 弓 矢 計 室 馬 北 牛 走 売 弱 強

答え 119

1 かくれた パーツを さがせ 102

2 かん字 たしざん 106

3 たりないのは どこ（かたちを よく見て） 110

4 かん字を 入れよう 114

＊ 本書の構成は、光村図書出版株式会社の教科書を参考にしています。

＊ 教材プリントは、自由にコピーして教室でお使いください。

＊ 学習者に応じて**A４サイズに拡大**して使用することをおすすめします。

ワークシートの使い方

この本には、『通常の学級でやさしい学び支援3、4巻　読み書きが苦手な子どもへの〈漢字〉支援ワーク』に掲載されている4種類のワークについて、2年生の教科書で教わる160字の漢字すべてを収録しています。

1　かくれた　パーツを　さがせ

字の一部が隠された漢字を見て、正しい部首やパーツを書き入れるワークです。『作る』は人が作るから『にんべん』というように、部首の意味にも注目して書いていけるように支援してください。思い出しにくい場合には、8ページの「漢字パーツ」表を拡大して見せて、いくつかの中から選ばせることも有効な支援です。

下の文章には、問題の漢字だけでなく、既習の漢字も書き入れるワークになっています。

2　かん字　たしざん

2～3個の部首やパーツを組み合わせてできる漢字を考えさせるワークです。

部首やパーツの数が多くなると、その配置もいろいろな組み合わせが出てきます。部首やパーツは筆順通りに並んでいるので、書くときのヒントにしてください。わかりにくい場合には、□を点線で区切って配置のヒントを出してあげてください(左図)。

配置のヒント例

言＋千＋口＝

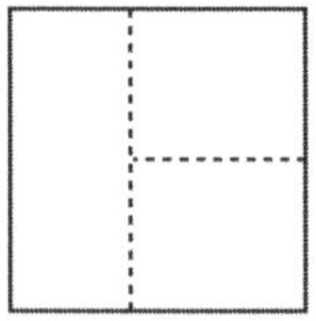

「へん」と「つくり」が左右反対になりやすい子どもには、「へんは必ず左に、先に書く。」と、ことばで示してあげるとわかりやすくなります。

3 たりないのは　どこ（かたちを　よく見て）

部分的に消えている漢字の足りない部分を見つけて、正しく書いていくワークです。

熟語の漢字は両方に足りない部分があります。線の数や細かい部分にも注意させてください。読みの苦手な子どもには、自分で書いた熟語やことばだけを見せて、読みの練習もさせるとよいでしょう。

子どもによっては知らない熟語も含まれています。子どもに意味を説明させたり、どんな風に使われるかの例を示してあげることも語いを増やしていくことにつながります。

熟語として漢字を覚えていくことは、読解の力をつけるとともに、生活に活きることばの学習にもつながります。

4 かん字を　入れよう

文を読み、文脈から漢字を推測して書いていくワークです。

漢字の読み方は文章の流れで決まってきます。そのため、文章を読む力が漢字の読みの力につながってきます。

ワークの左端には、□に入る漢字をヒントとして載せています。はじめはヒントの部分を折って、見ないで書かせましょう。また、漢字が苦手な子にはヒントを見せて選んで書く練習をするなど、子どものつまずきに合わせて使い分けてください。

かん字パーツ　2年生

亻	にんべん
女	おんなへん
彳	ぎょうにんべん
氵	さんずい
土	つちへん
弓	ゆみへん
王	おうへん
礻	しめすへん
日	ひへん
禾	のぎへん
矢	やへん
糸	いとへん
舟	ふねへん
言	ごんべん
己	おのれ
欠	あくび
斤	おのづくり
攵	のぶん・ぼくにょう
隹	ふるとり
頁	おおがい
亠	なべぶた
人	ひとやね
冖	わかんむり
宀	うかんむり
艹	くさかんむり
士	さむらい
夂	ふゆがしら
罒	あみがしら
⺮	たけかんむり
⻗	あめかんむり
冂	どうがまえ
囗	くにがまえ
門	もんがまえ
儿	ひとあし
廾	にじゅうあし
灬	れんが
厂	がんだれ
广	まだれ
辶	しんにょう

1学期

1

かくれた パーツを さがせ 1

ふきのとう

月　日

名まえ

かくれた パーツを さがして、かんせいさせよう。

①
□売《よ(む)》

□《ほん》を□《よ》む。

②
□ヨ《ゆき》

□《あめ》が□《ゆき》にかわる。

③
□戸《こえ》

□《おお》きな□《こえ》を□《だ》す。

④
言□《い(う)》

□《な》まえを□《い》う。

⑤
□亍《い(く)》

□《がっこう》に□《い》く。

⑥
南□《みなみ》

□《みなみ》のしまの□《だいおう》。

光村2年①

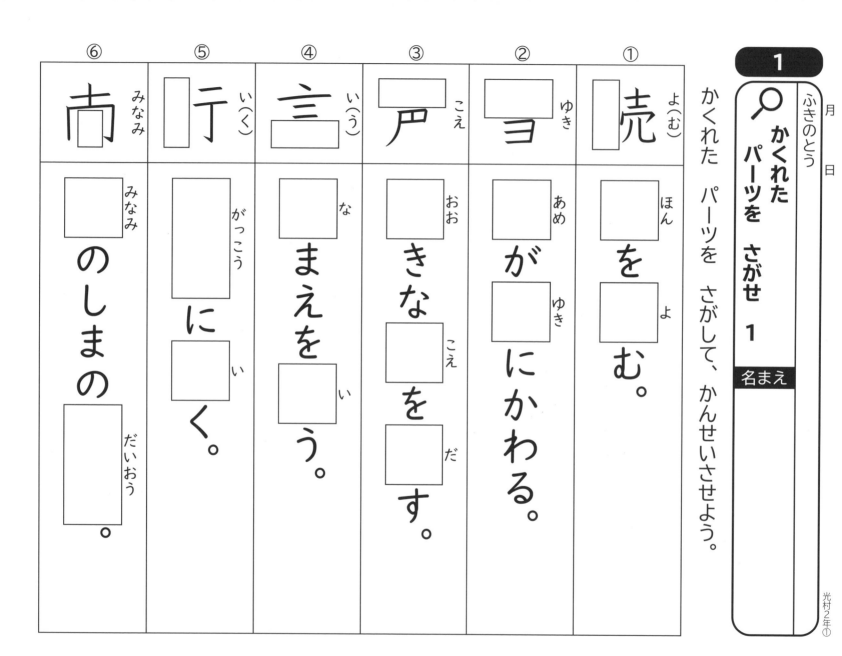

月　日

としょ館《かん》たんけん／はるが　いっぱい

2

かくれた パーツを さがせ 2

名まえ

光村2年①

かくれた　パーツを　さがして、かんせいさせよう。

① □《と》

□《としょ》しつの□《ほん》。

② □《か》(く)

□《な》まえを□《か》く。

③ □《かた》

□《いぬ》のかい□《かた》。

④ □《え》

□《えほん》の□《いぬ》。

⑤ □《し》(る)

□《な》まえを□《し》る。

⑥ □《はる》

□《はるやす》みの□《ひ》。

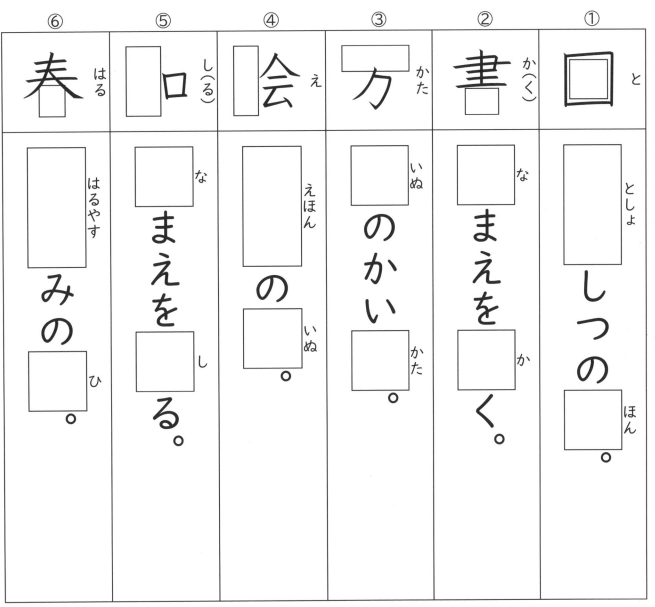

月　日

にっきを 書こう／ともだちは どこかな

3 かくれた パーツを さがせ 3

名まえ

かくれた パーツを さがして、かんせいさせよう。

① 田 □（おも(う)）

□《おも》い□《で》の□《そら》。

② □己（き）

□《にっき》の□《ぶん》。

③ □翟（よう）

□《にちようび》は□《やす》む。

④ 内 □（にく）

□《おお》きなとり□《にく》。

⑤ □舌（はな(す)）

□《はな》す□《ひと》を□《み》る。

⑥ 門 □（き(く)）

□《あめ》の□《おと》を□《き》く。

光村2年①

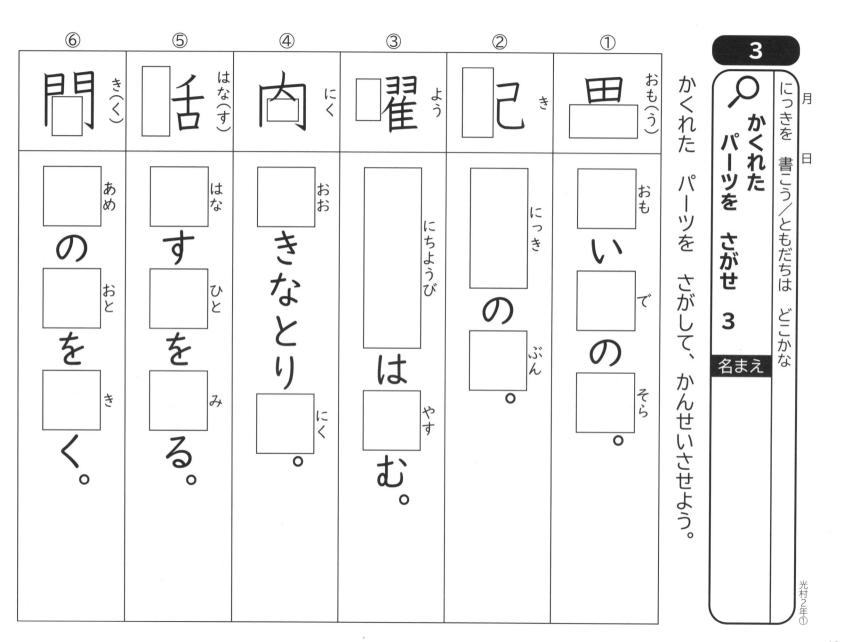

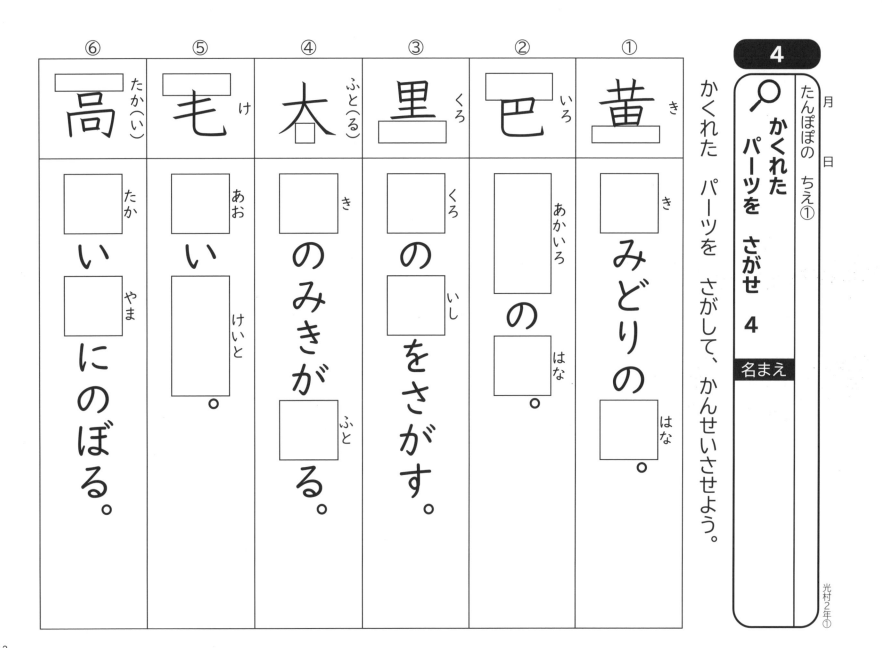

月　日

4 かくれた パーツを さがせ 4

たんぽぽの ちえ①

名まえ

かくれた パーツを さがして、かんせいさせよう。

①
□《き》

□《き》みどりの□《はな》。

②
□《いろ》

□《あかいろ》の□《はな》。

③
□《くろ》

□《くろ》の□《いし》をさがす。

④
□《ふと（る）》

□《き》のみきが□《ふと》る。

⑤
□《け》

□《あお》い□《けいと》。

⑥
□《たか（い）》

□《たか》い□《やま》にのぼる。

月　日

たんぽぽの　ちえ②

5

かくれた　パーツを　さがせ　5

名まえ

かくれた　パーツを　さがして、かんせいさせよう。

① かぜ

はげしい□《あめ》と□《かぜ》。

② は(れる)

□《そら》が□《は》れる。

③ おお(い)

□《もり》には□《き》が□《おお》い。

④ あたら(しい)

□《あたら》しい□《ほん》。

⑤ かんが(える)

よく□《み》て□《かんが》える。

6

かんさつ名じんに　なろう

月　日

かくれた パーツを さがせ 6

名まえ

かくれた　パーツを　さがして、かんせいさせよう。

①

《かたち》

□《いぬ》の□《かたち》の□《いし》。

②

《からだ》

□《ひと》の□《からだ》のほね。

③

《なが(い)》

□《あし》の□《なが》い□《いぬ》。

④

《ちか(い)》

□《はやし》に□《ちか》い□《がっこう》。

⑤

《おな(じ)》

□《おな》じ□《がっこう》の□《ひと》。

光村2年①

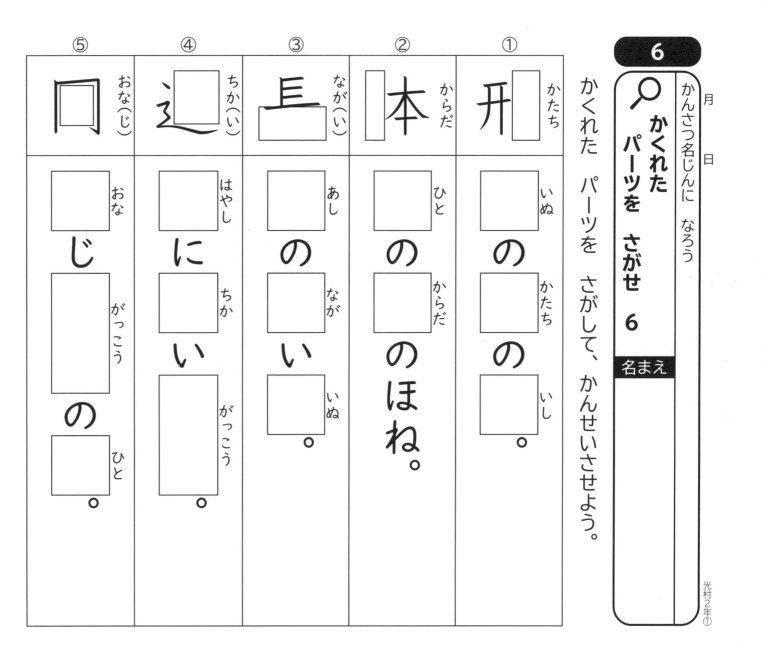

月　日

7

同じ　ぶぶんを　もつ　かん字①

かくれた パーツを さがせ 7

名まえ

かくれた　パーツを　さがして、かんせいさせよう。

①

いま

□《いま》の□《てんき》。

②

かい

□《こ》ども□《かい》に□《はい》る。

③

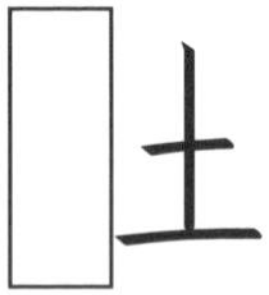

しゃ

□《むら》のじん□《じゃ》。

④

かたな

□《こがたな》で□《たけ》を□《き》る。

⑤

き(れる)

□《いと》が□《き》れる。

⑥

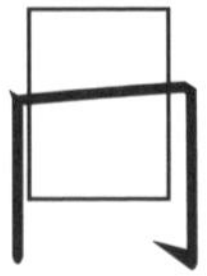

ない

□《こうない》の□《はな》。

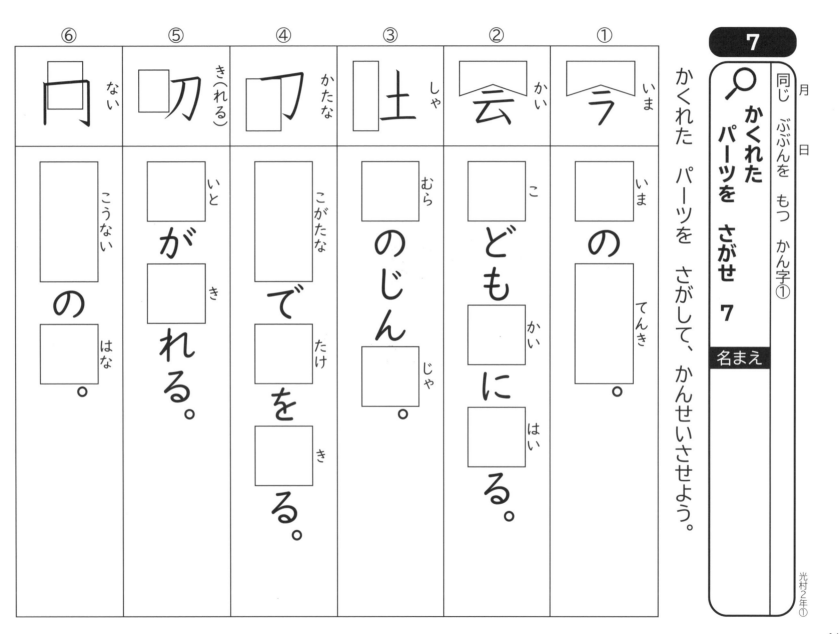

月　日

同じ ぶぶんを もつ かん字②

かくれた パーツを さがせ 8

名まえ

かくれた パーツを さがして、かんせいさせよう。

①
广⺊□《みせ》

□《むら》の□《ちい》さなお□《みせ》。

②
□市《あね》

□《あね》に□《ほん》をかりる。

③
□未《いもうと》

□《いもうと》と□《て》をつなぐ。

④
□泉《せん》

□《せん》を□《ひゃっぽん》ひく。

⑤
□气《き》

□《きしゃ》の□《おと》。

⑥
□毎《うみ》

□《うみ》の□《ひ》は□《しちがつ》だ。

光村2年①

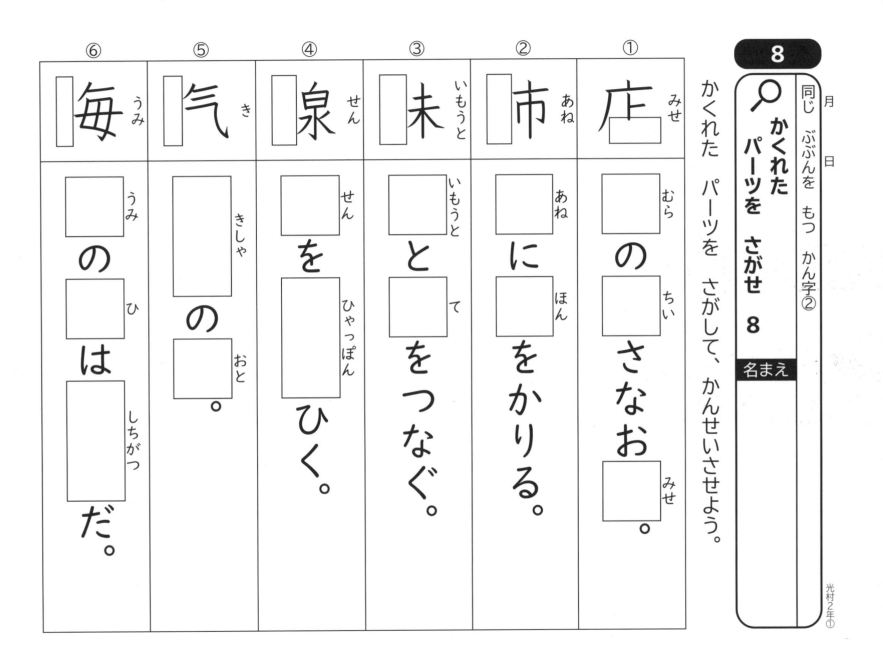

月　日

スイミー①

9

かくれた パーツを さがせ 9

名まえ

かくれた パーツを さがして、かんせいさせよう。

① 鱼（□）《さかな》

□《かわ》で□《さかな》をつる。

② 广（□）《ひろ(い)》

□《ひろ》い□《た》はた。

③ （□）刖《まえ》

□《まえ》の□《ひと》は□《おとこ》の□《こ》。

④ 二（□）《げん》

□《げんき》な□《こ》ども。

⑤ （□）石《いわ》

□《おお》きな□《いわやま》。

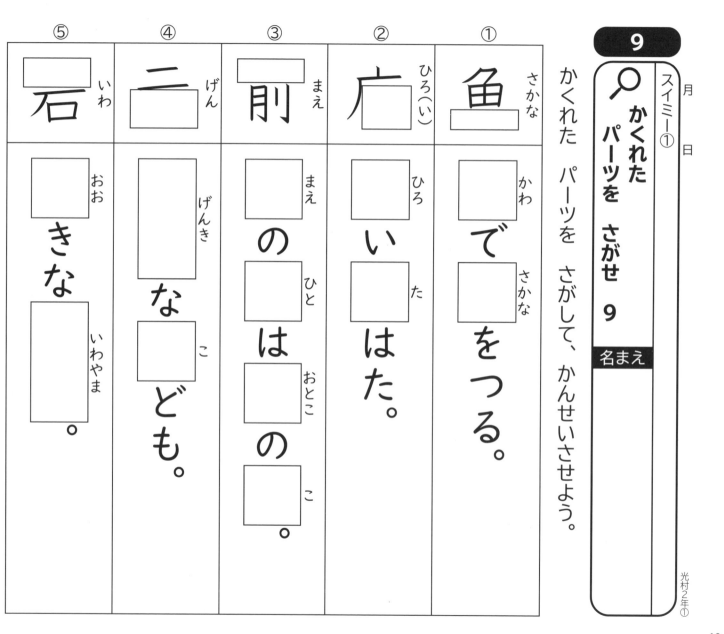

月　日

スイミー②／メモを　とる　とき

10

かくれた　パーツを　さがせ　10

名まえ

かくれた　パーツを　さがして、かんせいさせよう。

⑤	④	③	②	①
□也《いけ》	□家《いえ》	业□《ひか(る)》	孝□《おし(える)》	良《た(べる)》
□《いけ》の□《みず》をくむ。	□《いし》の□《いえ》をたてる。	□《つき》が□《そら》で□《ひか》る。	□《もじ》を□《おし》える。	□《くさ》を□《た》べる□《むし》。

光村2年①

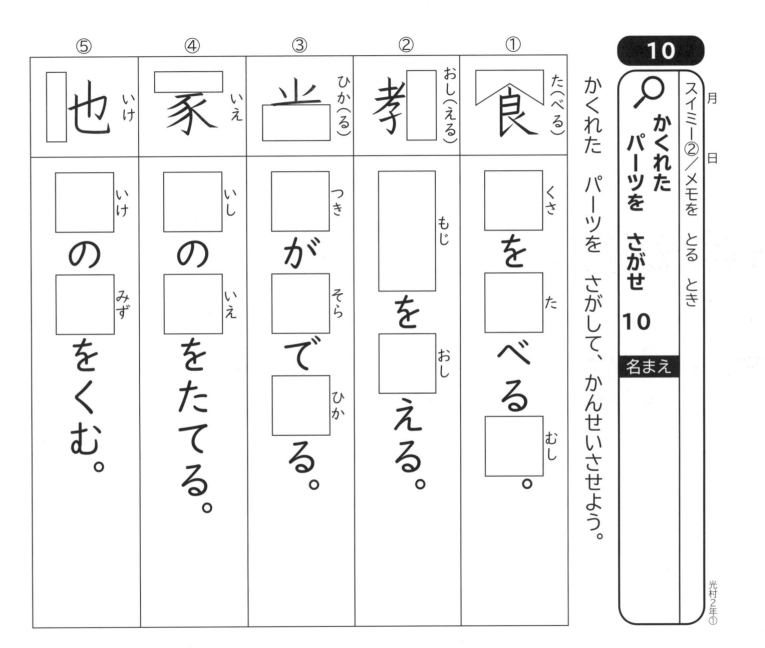

11

かくれたパーツを　さがせ　11

こんな　もの、見つけたよ

月　　日

名まえ

かくれた　パーツを　さがして、かんせいさせよう。

① □且《くみ》

□《あかぐみ》と□《しろぐみ》。

② □夋《うし(ろ)》

□《まえ》と□《うし》ろ。

③ 娄□《かず》

□《はな》びらの□《かず》。

④ 丸《まる》

□《はなまる》をもらった。

⑤ 占《てん》

□《ひゃくてん》でうれしい。

⑥ □貝《か(う)》

□《ほん》を□《か》う。

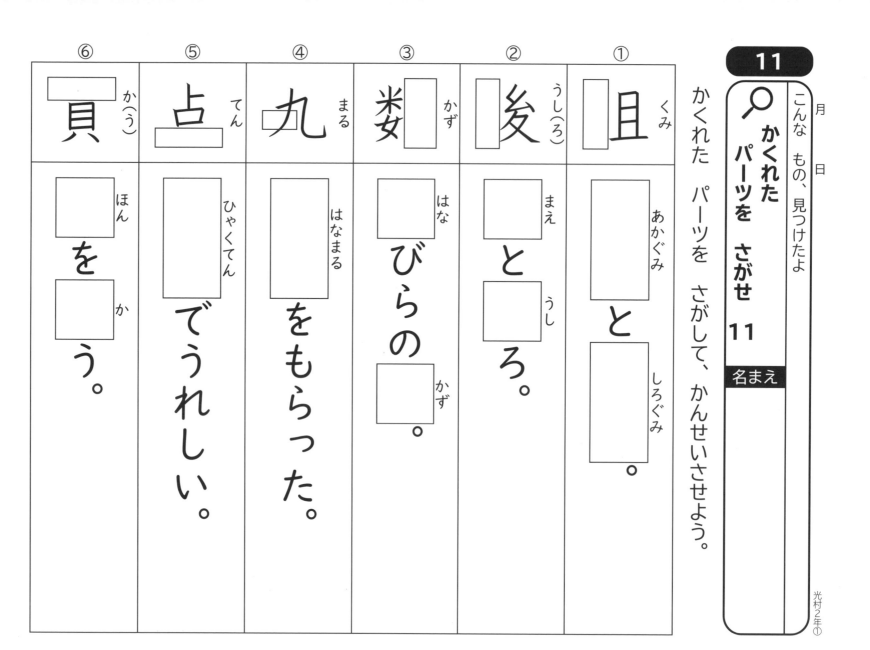

月　日

12 かくれた パーツを さがせ 12

名まえ

あったらいいな、こんなもの～ミリーのすてきなぼうし①

かくれた パーツを さがして、かんせいさせよう。

① 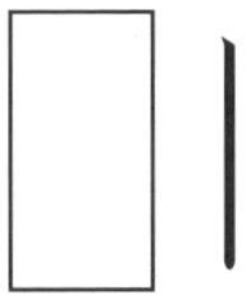 ひ(く)

□《あお》い□《いと》を□《ひ》く。

② 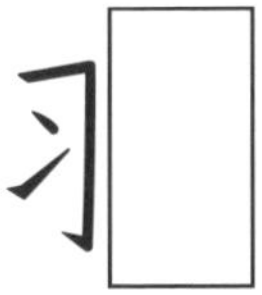 はね

□《むし》がとぶ□《はね》の□《おと》。

③  くも

□《くも》の□《うえ》。

④  なつ

□《がっこう》は□《なつやす》みだ。

⑤  こう

□《おお》きな□《こうえん》。

⑥  えん

ようち□《えん》に□《はい》る。

光村2年①

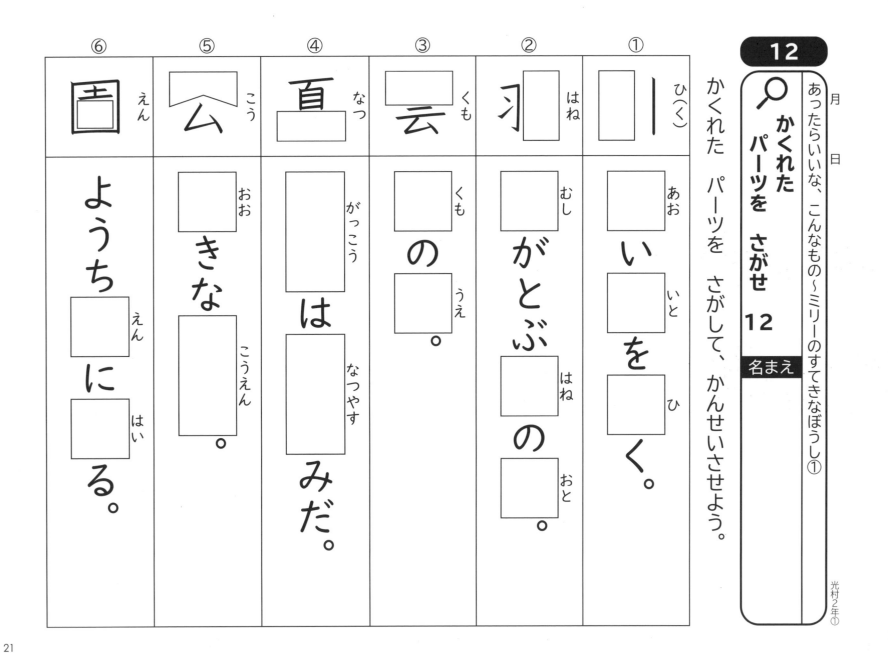

月　日

お気に入りの本をしょうかいしよう／ミリーのすてきなぼうし②

13

かくれた パーツを さがせ 13

名まえ

かくれた パーツを さがして、かんせいさせよう。

①
辶□《とお(る)》

□《くるま》が□《とお》る。

②
□万《まん》

□《いちまんえん》さつ

③
豆□《あたま》

□《あたま》の□《うえ》にのせる。

④
□木《く(る)》

□《そら》から□《く》る。

⑤
鳥□《とり》

□《ことり》が□《そら》をとぶ。

⑥
哥□《うた(う)》

□《こう》かを□《うた》う。

光村2年①

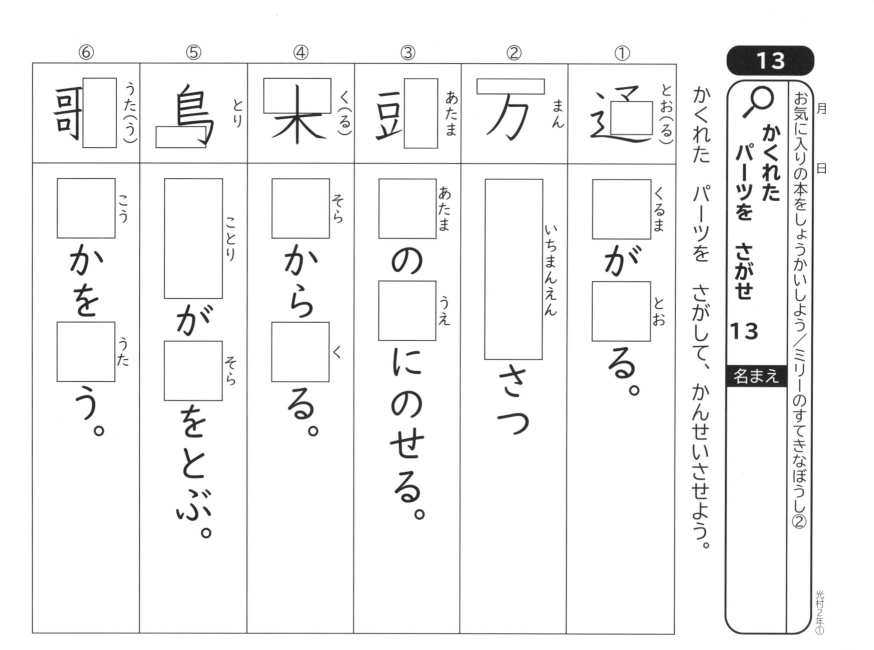

14

＋かん字　たしざん　1

ふきのとう

月　日

名まえ

かん字の　たしざんを　しよう。

＊こたえの　かん字で
ことばを　つくろう。

① 言 ＋ 士 ＋ 冗 ＝ □ ↓↓↓ □

② 雨 ＋ ヨ ＝ □ ↓↓↓↓ □

③ 士 ＋ 尸 ＝ □ ↓↓↓↓ □

④ 亠 ＋ ＝ ＋ 口 ＝ □ ↓↓↓ □

⑤ 彳 ＋ 亍 ＝ □ ↓↓↓↓ □

⑥ 十 ＋ 冂 ＋ 羊 ＝ □ ↓↓↓ □

光村2年②

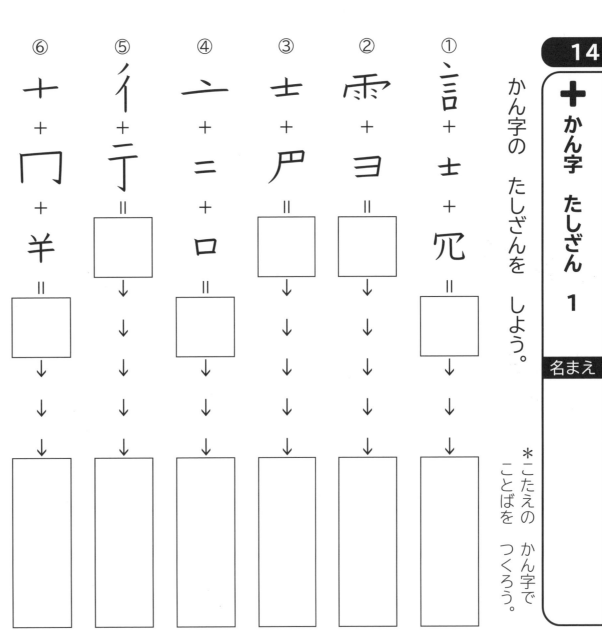

15

✚かん字《じ》 たしざん 2

としょ館たんけん／はるが いっぱい

月　日

名まえ

かん字の たしざんを しよう。

① 冂 ＋ 㐅 ＋ 一 ＝ □ → → → → □

② ⺕ ＋ 土 ＋ 日 ＝ □ → → → → □

③ 亠 ＋ ク ＝ □ → → → → □

④ 糸 ＋ 𠆢 ＋ 云 ＝ □ → → → → □

⑤ 矢 ＋ 口 ＝ □ → → → → □

⑥ 三 ＋ 人 ＋ 日 ＝ □ → → → → □

＊こたえの かん字で ことばを つくろう。

光村2年②

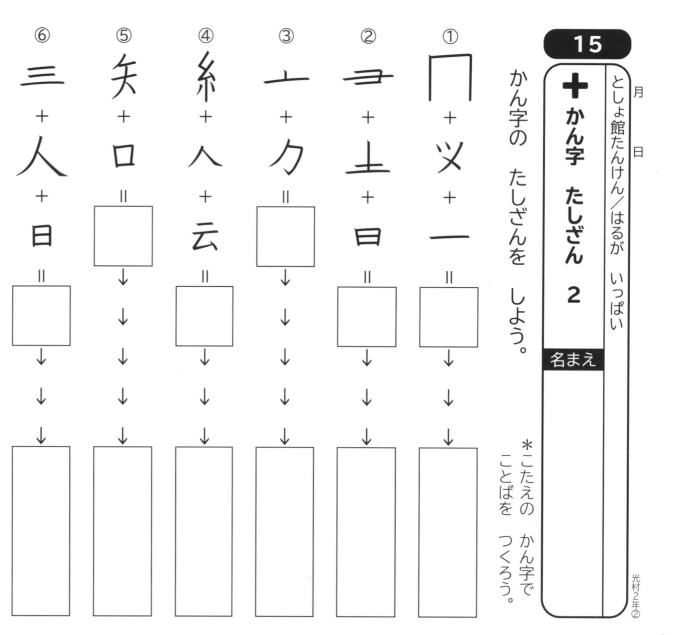

16

かん字　たしざん　3

にっきを　書こう／ともだちは　どこかな

月　日

名まえ

かん字の　たしざんを　しよう。

＊こたえの　かん字で　ことばを　つくろう。

①　田＋心＝□
↓↓↓↓
□

②　言＋己＝□
↓↓↓↓
□

③　日＋ヨヨ＋隹＝□
↓↓↓
□

④　冂＋人＋人＝□
↓↓↓
□

⑤　言＋千＋口＝□
↓↓↓
□

⑥　門＋耳＝□
↓↓↓↓↓
□

光村2年②

17

月　日

たんぽぽの　ちえ①

＋かん字　たしざん　4

名まえ

かん字の　たしざんを　しよう。

＊こたえの　かん字で　ことばを　つくろう。

① 卄＋由＋八＝□↓↓↓□

② ⺈＋巴＝□↓↓↓↓□

③ 里＋灬＝□↓↓↓↓□

④ 大＋丶＝□↓↓↓↓□

⑤ 彡＋乚＝□↓↓↓↓□

⑥ 亠＋口＋冋＝□↓↓↓□

⑦ 几＋丿＋虫＝□↓↓↓□

⑧ 日＋圭＋月＝□↓↓↓□

光村2年②

18

月　日

たんぽぽの ちえ②／かんさつ名人に なろう

＋かん字 たしざん 5

名まえ

かん字の たしざんを しよう。

① 夕 ＋ 夕 ＝ □ ↓ ↓ ↓ ↓ □

② 立 ＋ 木 ＋ 斤 ＝ □ ↓ ↓ ↓ □

③ 耂 ＋ 丂 ＝ □ ↓ ↓ ↓ ↓ □

④ 开 ＋ 彡 ＝ □ ↓ ↓ ↓ ↓ □

⑤ 亻 ＋ 木 ＋ 一 ＝ □ ↓ ↓ ↓ □

⑥ Ｅ ＋ 一 ＋ レ ＝ □ ↓ ↓ ↓ □

⑦ 斤 ＋ 辶 ＝ □ ↓ ↓ ↓ ↓ □

⑧ 冂 ＋ 一 ＋ 口 ＝ □ ↓ ↓ ↓ □

＊こたえの かん字で ことばを つくろう。

光村2年②

19

月　日

同じ　ぶぶんを　もつ　かん字①

＋かん字　たしざん　6

名まえ

かん字の　たしざんを　しよう。

＊こたえの　かん字で　ことばを　つくろう。

① 𠆢＋ラ＝□→→→→□

② 𠆢＋二＋ム＝□→→→→□

③ ネ＋土＝□→→→→□

④ 𠃌＋ノ＝□→→→→□

⑤ 七＋刀＝□→→→→□

⑥ 冂＋人＝□→→→→□

⑦ 广＋ト＋ロ＝□→→→→□

⑧ 女＋亠＋巾＝□→→→→□

光村2年②

20

月　日

同じ　ぶぶんを　もつ　かん字②／スイミー①

✚かん字　たしざん　7

名まえ

かん字の　たしざんを　しよう。

＊こたえの　かん字で　ことばを　つくろう。

① 女＋未＝□→□

② 糸＋白＋水＝□→□

③ 氵＋𠂉＋⺄＝□→□

④ 氵＋𠂉＋母＝□→□

⑤ ⺈＋田＋⺌＝□→□

⑥ 广＋厶＝□→□

⑦ 䒑＋月＋刂＝□→□

⑧ 二＋儿＝□→□

21

＋かん字 たしざん 8

月 日

スイミー②／メモを とる とき／こんな もの、見つけたよ①

名まえ

かん字の たしざんを しよう。

＊こたえの かん字で ことばを つくろう。

① 山＋石＝□→→→→→□

② 人＋良＝□→→→→→□

③ 㐄＋子＋攵＝□→→→□

④ 小＋一＋儿＝□→→→□

⑤ 宀＋豕＋く＝□→→→□

⑥ 氵＋也＝□→→→→→□

⑦ 糸＋且＝□→→→→→□

⑧ 彳＋幺＋夂＝□→→→□

光村2年②

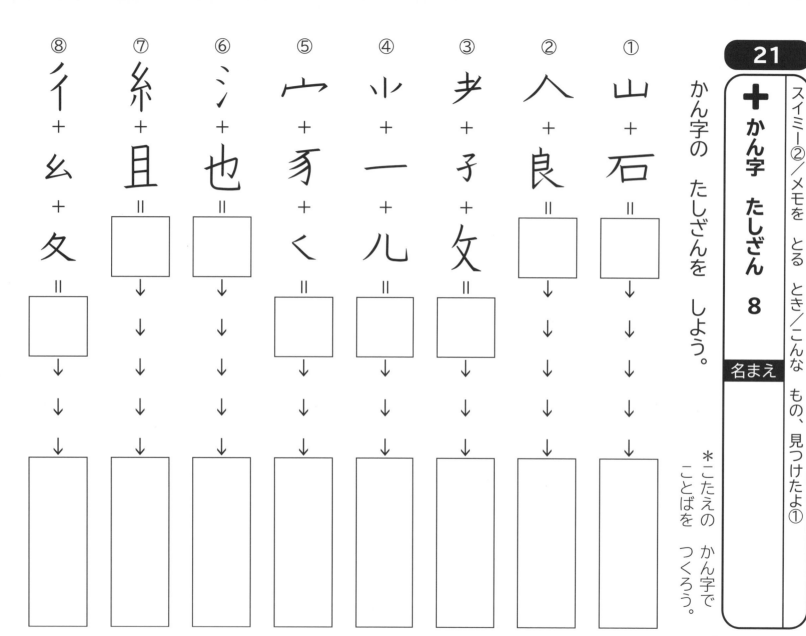

22

月　日

こんな　もの、見つけたよ②～なつがいっぱい

＋かん字　たしざん　9

名まえ

光村2年②

かん字の　たしざんを　しよう。

＊こたえの　かん字で　ことばを　つくろう。

① 米＋女＋攵＝□↓↓↓↓□

② 九＋丶＝□↓↓↓↓□

③ ⺊＋口＋⺌＝□↓↓↓↓□

④ 罒＋目＋八＝□↓↓↓↓□

⑤ 弓＋丨＝□↓↓↓↓□

⑥ 羽＋羽＝□↓↓↓↓□

⑦ 雨＋二＋ム＝□↓↓↓↓□

⑧ 一＋自＋夂＝□↓↓↓↓□

23

かん字　たしざん　10

月　日

名まえ

お気に入りの本をしょうかいしよう／ミリーのすてきなぼうし

光村2年②

かん字の　たしざんを　しよう。

＊こたえの　かん字で　ことばを　つくろう。

①　八＋厶＝□↓↓↓↓↓□

②　冂＋袁＋一＝□↓↓↓↓□

③　マ＋用＋辶＝□↓↓↓↓□

④　一＋力＝□↓↓↓↓↓□

⑤　豆＋𠂉＋貝＝□↓↓↓↓□

⑥　一＋半＋八＝□↓↓↓↓□

⑦　自＋つ＋灬＝□↓↓↓↓□

⑧　可＋可＋欠＝□↓↓↓↓□

24

月　日

ふきのとう

☆たりないのは　どこ（かたちを　よく見て）1

名まえ

たりない　ところを　見つけて、正しく　かこう。

① 読《よ》む

② 雪《ゆき》だるま

③ わらい声《ごえ》

④ 言《い》う

⑤ 行《い》きかた

⑥ 南《みなみ》口《ぐち》

光村2年③

25

月　日

としょ館たんけん／はるが　いっぱい

たりないのは　どこ（かたちを　よく見て）2

名まえ

たりない　ところを　見つけて、正しく　かこう。

①　図《と》書《しょ》

②　書《か》く

③　つくり万《かた》

④　絵《え》本《ほん》

⑤　もの知《し》り

⑥　春《はる》休《やす》み

光村2年③

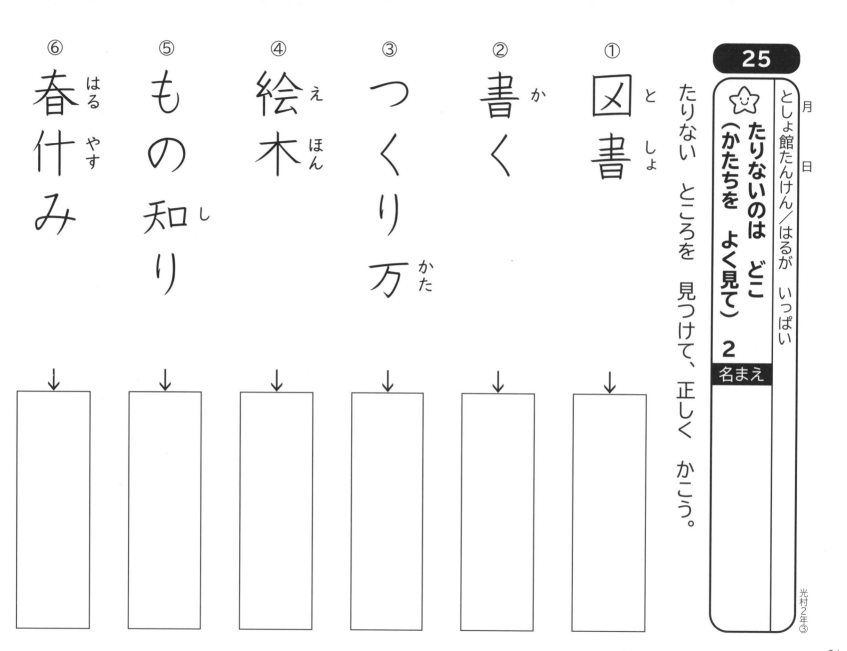

月　日

26

にっきを 書こう／ともだちは どこかな

たりないのは どこ（かたちを よく見て）3

名まえ

たりない ところを 見つけて、正しく かこう。

① 思《おも》い出《だ》す　↓

② 口《にっ》記《き》　↓

③ 曜《よう》口《び》　↓

④ とり内《にく》　↓

⑤ 詁《はな》す　↓

⑥ 聞《き》く　↓

光村2年③

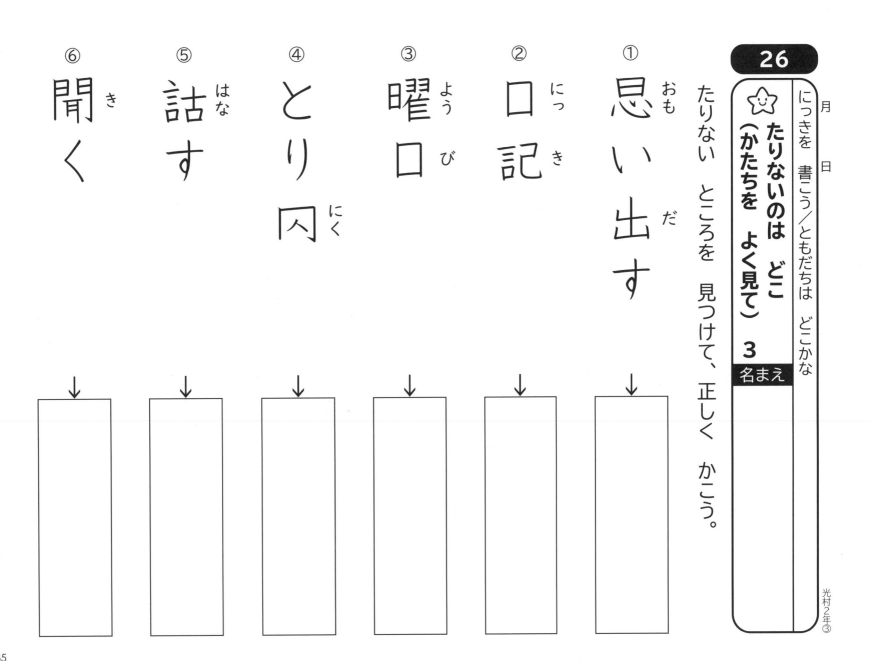

月　日

27

たんぽぽの　ちえ①

たりないのは　どこ（かたちを　よく見て）4

名まえ

たりない　ところを　見つけて、正しく　かこう。

① 黄《き》みどり

② 青《あお》色《いろ》

③ 黒《くろ》色《いろ》

④ 大《ふと》る

⑤ 毛《け》糸《いと》

⑥ 高《たか》い

光村2年③

月　日

28

たんぽぽの　ちえ②

☆たりないのは　どこ（かたちを　よく見て）5

名まえ

たりない　ところを　見つけて、正しく　かこう。

① そよ風《かぜ》

② 晴《は》れ

③ 多《おお》い

④ 新《あたら》しい

⑤ 考《かんが》える

かんさつ名じんに　なろう

たりないのは　どこ（かたちを　よく見て）6

名まえ

月　日

たりない　ところを　見つけて、正しく　かこう。

① まるい形《かたち》

② ノ《ひと》の体《からだ》

③ 長《なが》い

④ 近《ちか》い

⑤ 同《おな》じ

光村2年③

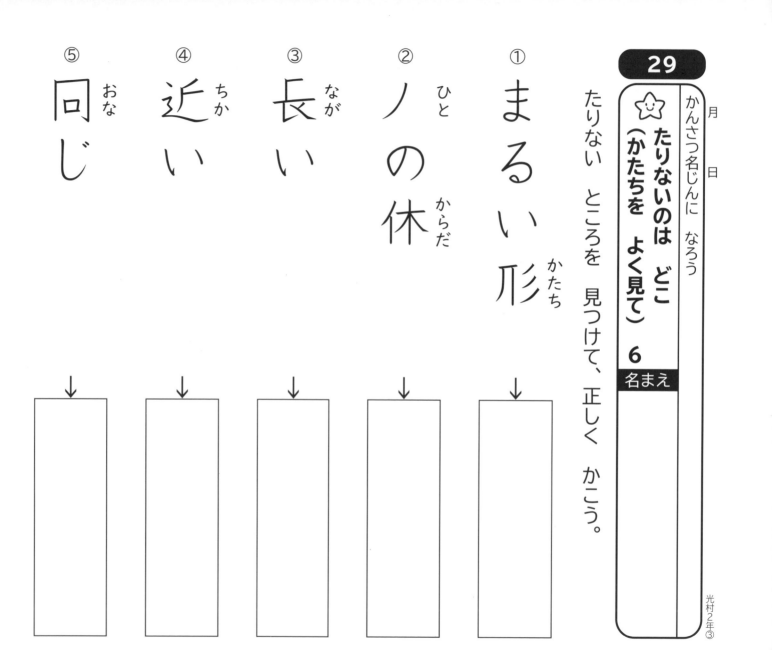

月　日

30

同じ　ぶぶんを　もつ　かん字①

たりないのは　どこ（かたちを　よく見て）7

名まえ

たりない　ところを　見つけて、正しく　かこう。

① 今《いま》から

↓

② うんどう会《かい》

↓

③ 会《かい》社《しゃ》

↓

④ ハ《こ》フ《がたな》

↓

⑤ 切《き》れる

↓

⑥ 校《こう》内《ない》

↓

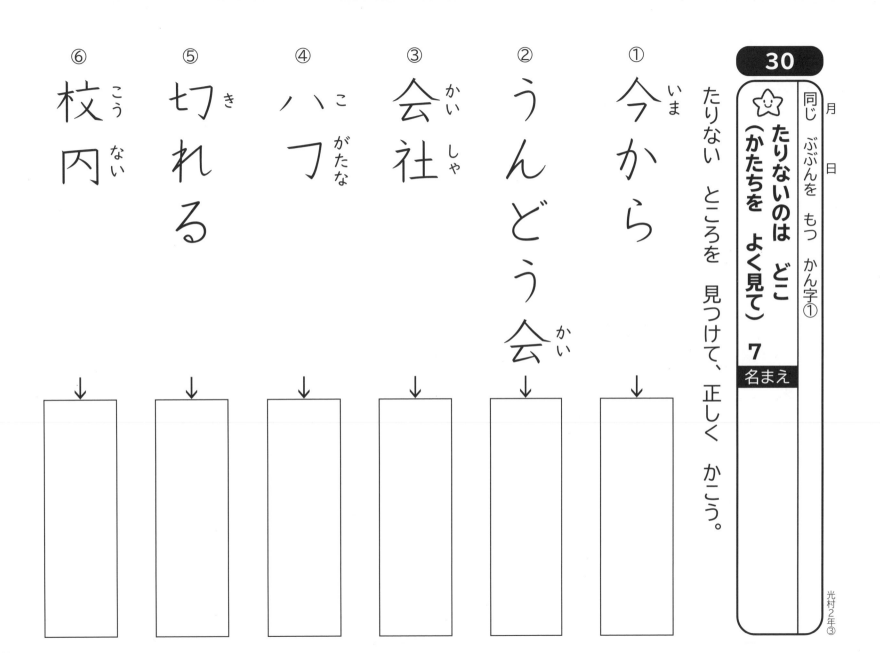

月　日

同じ　ぶぶんを　もつ　かん字②

たりないのは　どこ（かたちを　よく見て）8

名まえ

たりない　ところを　見つけて、正しく　かこう。

① 店《みせ》ばん

② 姉《あね》のくつ

③ ハ《ちい》さい妹《いもうと》

④ 線《せん》ろ

⑤ 汽《き》車《しゃ》

⑥ 海《うみ》の口《ひ》

月　日

スイミー①

☆たりないのは　どこ（かたちを　よく見て）9

名まえ

たりない　ところを　見つけて、正しく　かこう。

①　魚《さかな》つり
↓

②　広《ひろ》い
↓

③　前《まえ》とうしろ
↓

④　元《げん》気《き》
↓

⑤　岩《いわ》山《やま》
↓

光村2年③

月　日

33

スイミー②／メモを　とる　とき

たりないのは　どこ（かたちを　よく見て）

10

名まえ

たりない　ところを　見つけて、正しく　かこう。

① 食《た》べもの

② 教《おし》える

③ 光《ひか》る

④ 家《いえ》の口《なか》

⑤ ため池《いけ》

光村2年③

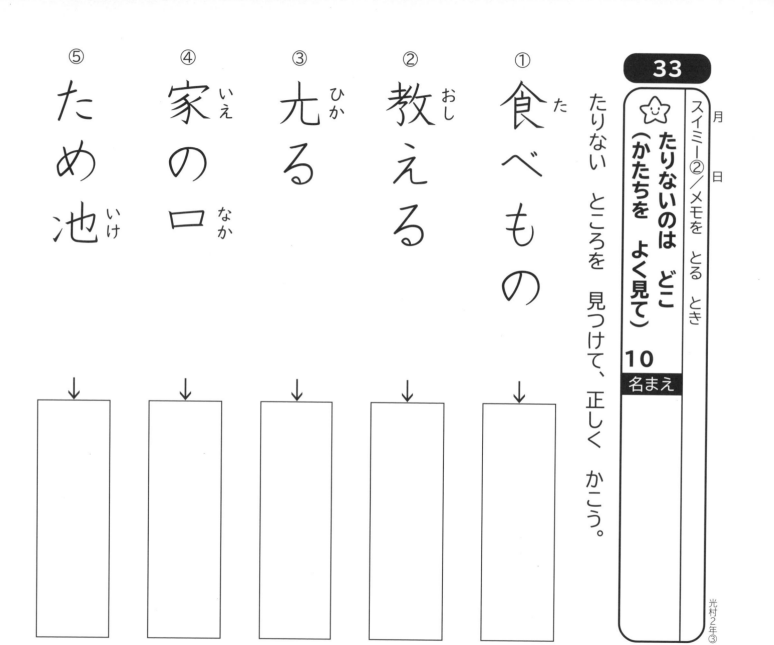

月　日

こんな もの、見つけたよ

たりないのは どこ（かたちを よく見て）11

名まえ

たりない ところを 見つけて、正しく かこう。

① 組《く》み立《た》て ↓

② 後《うし》ろむき ↓

③ 人《おお》きい数《かず》 ↓

④ 花《はな》丸《まる》 ↓

⑤ 百《ひゃく》点《てん》 ↓

⑥ 買《か》いもの ↓

月　日

あったらいいな、こんなもの～ミリーのすてきなぼうし①

たりないのは　どこ（かたちを　よく見て）12

名まえ

たりない　ところを　見つけて、正しく　かこう。

① つな引《ひ》き

② 羽《はね》ぶとん

③ 日《しろ》い雲《くも》

④ 夏《なつ》什《やす》み

⑤ 公《こう》園《えん》

⑥ ようち園《えん》

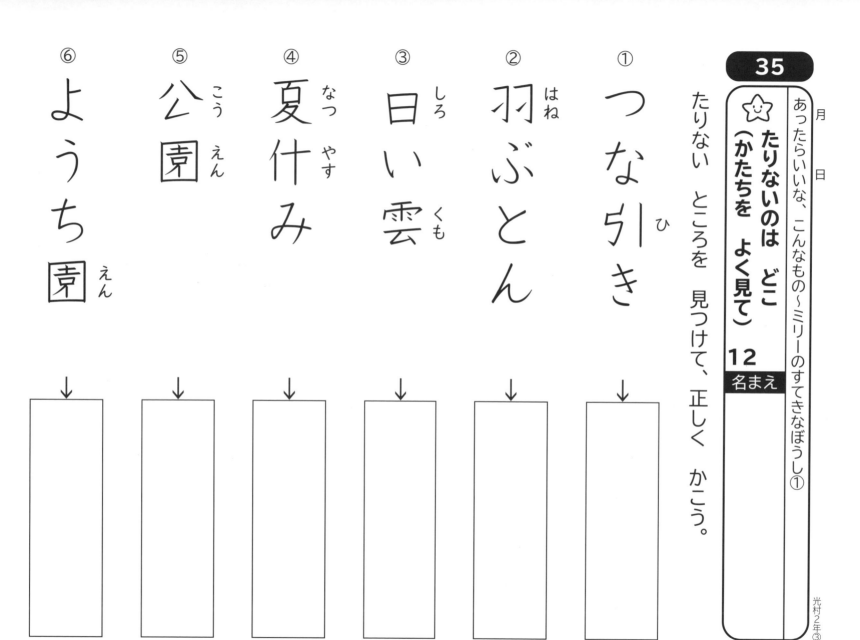

たりないのは　どこ（かたちを　よく見て）13

名まえ

たりない　ところを　見つけて、正しく　かこう。

① 人《おお》通《どお》り

② 一《いち》万《まん》円《えん》

③ 石《いし》頭《あたま》

④ 未《く》る

⑤ ハ《こ》鳥《とり》

⑥ 歌《うた》声《ごえ》

37

月　日

ふきのとう

かん字を 入れよう 1

名まえ

文を よんで、ぴったりの かん字を 入れよう。

①「ふきのとう」 のおはなしを音□しました。

②あさおきると、まっ白な□がつもっていた。

③学校の校かを、大きな□でうたいましょう。

④大きなこえで「おはよう」と□いましょう。

⑤おかあさんと、かいものに□きました。

⑥このへやは、□むきで、とてもあかるい。

ヒント
声　行　雪　読　南　言

光村2年④

月　日

かん字を 入れよう 2

としょ館たんけん／はるが いっぱい

名まえ

光村2年④

文を よんで、ぴったりの かん字を 入れよう。

①かりた本を□しょかんにかえす。

②えんぴつで、ていねいに字を□いた。

③かぶとのおり□を、おしえてもらった。

④えんそくのおもいでの□をかいた。

⑤ぼくは、なにも□りません。

⑥きせつが□になると、さくらの花がさく。

ヒント　絵　春　知　方　書　図

39

月　日

日きを　書こう／ともだちは　どこかな

光村2年④

かん字を　入れよう　3

名まえ

文を　よんで、ぴったりの　かん字を　入れよう。

①えんそくは、たのしい［　］い出がいっぱいだ。

②ともだちとあそんだことを、日［　］に書く。

③いつも、水［　］日は、スイミングに行きます。

④かぞくで、やき［　］パーティーをしました。

⑤おばあちゃんと、でんわで［　］しました。

⑥とりが、「ピヨピヨ」となくのを［　］いた。

ヒント

曜　話　肉　思　記　聞

月 日

40 かん字を 入れよう 4

たんぽぽの ちえ①

名まえ

文を よんで、ぴったりの かん字を 入れよう。

①みちばたに □ いろいタンポポがさいている。

②かいた絵に、クレヨンで □ をぬりました。

③たこやいかは、まっ □ な、すみをはく。

④おとうさんのうでは □ くて、力もちだ。

⑤女の子が、ながいかみの □ をむすんでいる。

⑥キリンは、くびがながくて、せが □ い。

⑦つよい □ がふいて、ぼうしをとばされた。

ヒント 風 色 黄 太 黒 毛 高

光村2年④

41 かん字を 入れよう 5

月　日

たんぽぽの ちえ②／かんさつ名人に なろう①

名まえ

文を よんで、ぴったりの かん字を 入れよう。

①あしたの天気は、きっと□れるでしょう。

②休みの日のこうえんは、人が□い。

③二年生になって、□しいともだちができた。

④なにを書くか、よく□えましょう。

⑤ねん土を、まるい□にととのえる。

⑥うんどうをして、□をきたえる。

⑦ぞうのはなは□くて、べんりだ。

ヒント　体　形　考　晴　多　新　長

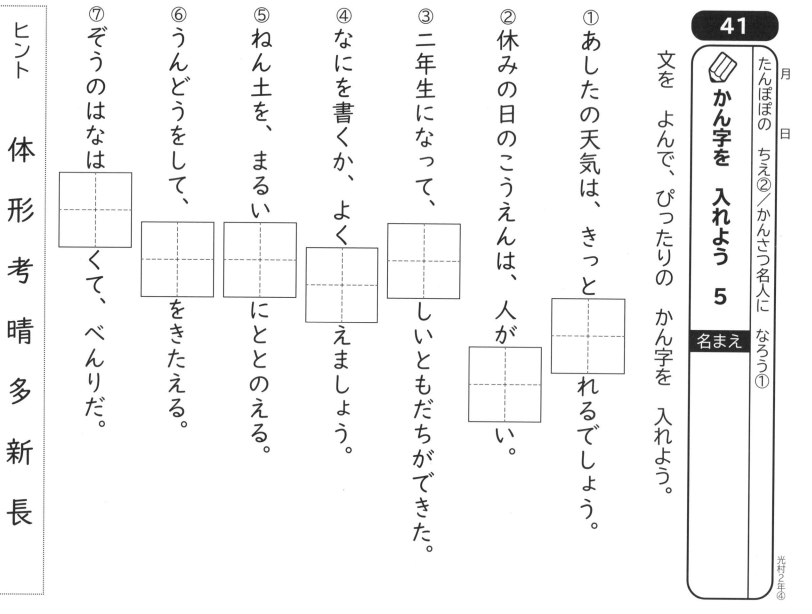

かん字を 入れよう 6

月　日

名まえ

文を よんで、ぴったりの かん字を 入れよう。

① わたしのいえの□くに、こうえんがある。

② ともだちと□じクラスになって、うれしい。

③ 空がくらくて、□にも雨がふりそうだ。

④ うんどう□で、つなひきをしました。

⑤ おとうさんは、かい□でしごとをしている。

⑥ おさむらいさんが、こしに□をさしている。

⑦ このはさみは、とてもよく□れる。

ヒント　会　近　今　切　同　刀　社

43

月　日

かん字を　入れよう　7

同じ　ぶぶんを　もつ　かん字②

名まえ

文を　よんで、ぴったりの　かん字を　入れよう。

① 一年生と、校□のたんけんをした。

② おかしのお□で、えんそくのおやつをかった。

③ わたしと四年生の□は、女どうしで気があう。

④ ぼくの下には、おとうとと□がいる。

⑤ かみにまっすぐな□をひきました。

⑥ けむりをはきながら、□車がはしっている。

⑦ なつ休みに、□でおよぎました。

ヒント　海　内　店　妹　汽　姉　線

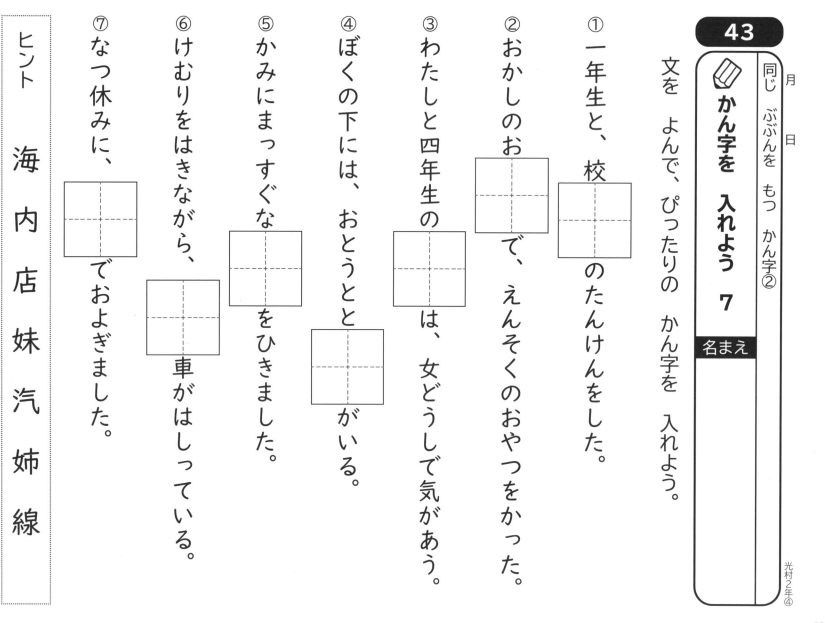

44

月　日

スイミー①

かん字を　入れよう　8

名まえ

文を　よんで、ぴったりの　かん字を　入れよう。

①おとうさんと□つりに行きました。

②このスーパーは、□くてしなものが多い。

③いちばん□から、うしろにまわしてください。

④晴れた日は、そとで□気にあそびましょう。

⑤山の上から大きな□がおちてきた。

⑥きゅうしょくは、まい日のこさずに□べる。

⑦わからないことは、先生が□えてくれる。

ヒント　教　前　食　元　魚　広　岩

光村2年④

月　日

スイミー②／メモを　とる　とき／こんな　もの、見つけたよ①

かん字を　入れよう　9

名まえ

文を　よんで、ぴったりの　かん字を　入れよう。

①車のライトが、まぶしく□っている。

②学校がおわって、□にかえりました。

③まるい□のまん中で、魚がはねた。

④おとうと、おもちゃの車を□み立てる。

⑤足音がしたので、□ろをふりむいた。

⑥おさらのイチゴの□をかぞえる。

⑦きれいに書いたので、花□をつけてもらった。

ヒント　後　家　組　数　池　丸　光

かん字を　入れよう　10

こんな　もの、見つけたよ②〜ミリーのすてきなぼうし①

月　　日

名まえ

文を　よんで、ぴったりの　かん字を　入れよう。

①かん字テストで百□まんてんをとった。

②おかあさんと、スーパーへ□いものに行った。

③うんどうじょうに、白い線を□いた。

④くじゃくが、きれいな□を広げている。

⑤青い空に、白い□がうかんでいる。

⑥八月は、□休みでお休みです。

⑦家の近くの□園で、おにごっこをした。

ヒント

雲　夏　買　引　公　点　羽

光村2年④

月　日

お気に入りの本をしょうかいしよう／ミリーのすてきなぼうし②

かん字を　入れよう　11

名まえ

文を　よんで、ぴったりの　かん字を　入れよう。

① どうぶつ□で、くびの長いキリンを見た。

② ようちえんのよこを□って学校に行く。

③ 一□円さつを出して、おつりをもらった。

④ てつぼうにぶつかって、□にこぶができた。

⑤ 三十ぷんまって、やっとバスが□ました。

⑥ 木の上で、□が「ピーピー」とないている。

⑦ 音がくしつから、きれいな□声が聞こえる。

ヒント　通　園　来　鳥　歌　万　頭

光村2年④

2 学期

48

月　日

ことばでみちあんない／かいたら、見なおそう

かくれたパーツを　さがせ　14

名まえ

かくれた　パーツを　さがして、かんせいさせよう。

①

わ(かる)

□《なまえ》が□《わ》かる。

②

かい

□《じ》を□《ごかい》□《か》く。

③

なお(す)

□《いとぐるま》を□《なお》す。

④

かみ

お□《てがみ》をおくる。

⑤

えん

□《えんそく》に□《い》く。

⑥

とも

□《とも》だち□《ひゃく》にん。

光村2年①

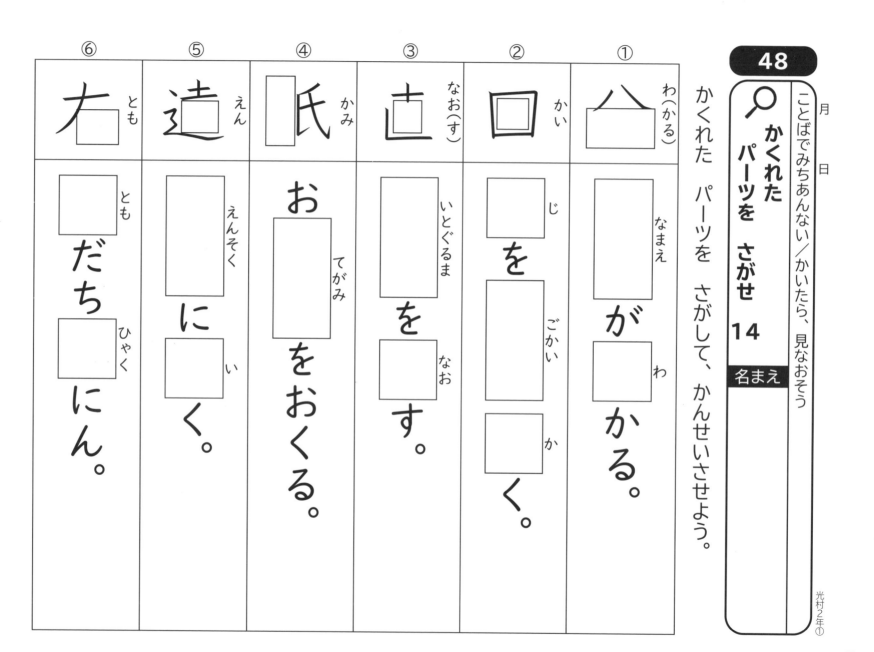

月　日

どうぶつ園のじゅうい①

かくれた パーツを さがせ 15

名まえ

かくれた パーツを さがして、かんせいさせよう。

①
𠦝□《あさ》

□《あさ》の□《てんき》。

②
彦□《かお》

□《かお》を□《み》せる。

③
□母《まい》

□《まいにち》の□《そら》。

④
□ヨ《あ(たる)》

□《あめ》が□《あ》たる。

⑤
門□《あいだ》

□《いちねん》の□《あいだ》。

⑥
尸□一《ひる》

□《ひる》から□《あめ》がふる。

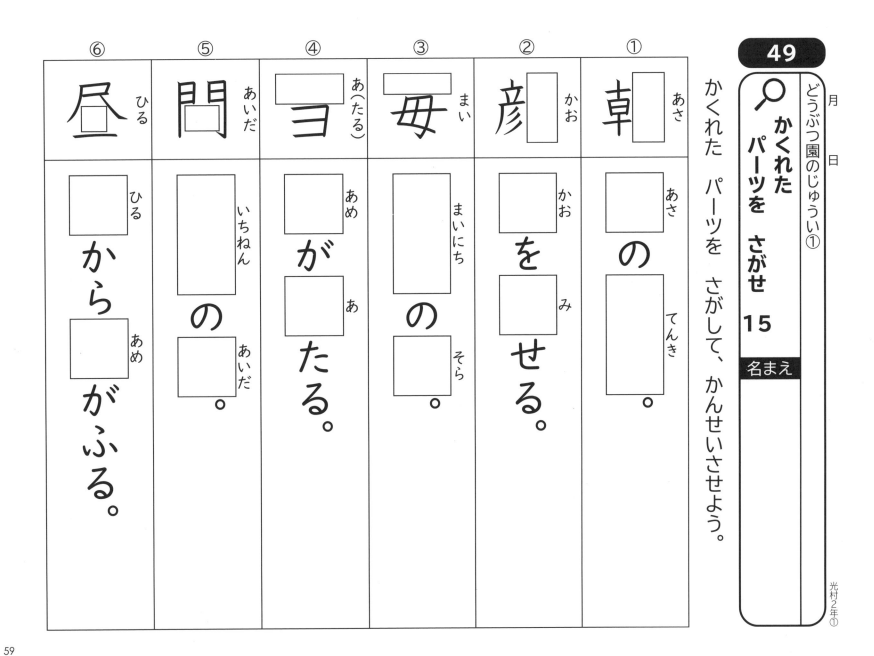

月　日

どうぶつ園のじゅうい②／ことばあそびをしよう

50 かくれた パーツを さがせ 16

名まえ

かくれた　パーツを　さがして、かんせいさせよう。

①	②	③	④	⑤
□《はん》	□《でん》	□《そと》	□《たの》(しい)	□《した》(しい)
けがで□《はんつき》□《やす》む。	□《でんしゃ》にのる□《ひと》。	□《そと》に□《で》かける。	□《がっこう》は□《たの》しい。	□《した》しい□《とも》だち。

光村2年①

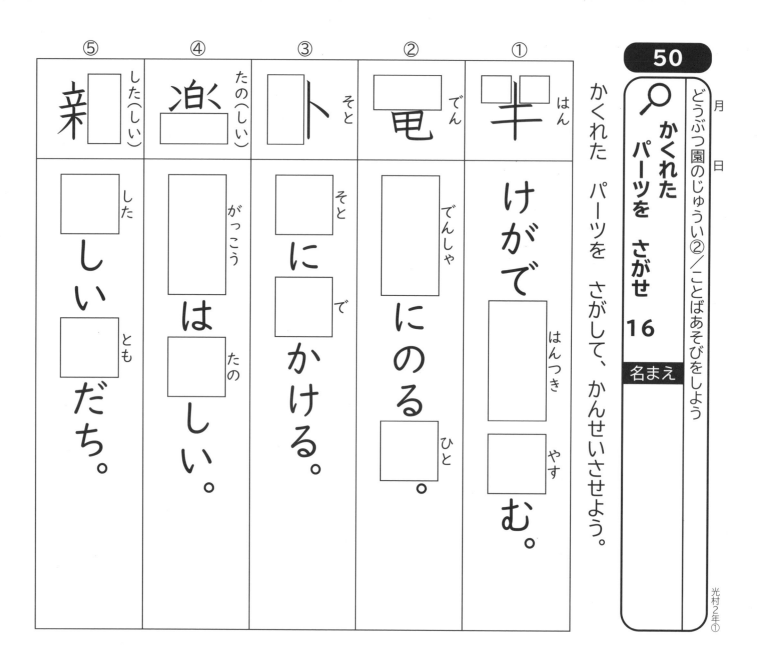

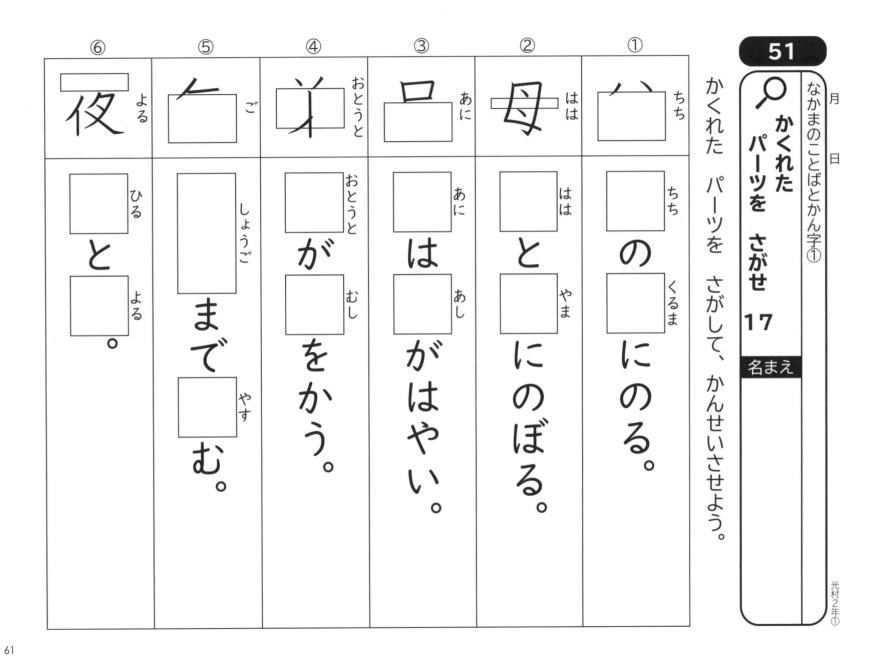

51

なかまのことばとかん字①

月　日

かくれた　パーツを　さがせ　17

名まえ

かくれた　パーツを　さがして、かんせいさせよう。

①
□《ちち》

□《ちち》の□《くるま》にのる。

②
□《はは》

□《はは》と□《やま》にのぼる。

③
□《あに》

□《あに》は□《あし》がはやい。

④
□《おとうと》

□《おとうと》が□《むし》をかう。

⑤
□《ご》

□《しょうご》まで□《やす》む。

⑥
□《よる》

□《ひる》と□《よる》。

光村2年①

なかまのことばとかん字②

月　　日

かくれたパーツを　さがせ　18

名まえ

かくれた　パーツを　さがして、かんせいさせよう。

⑥	⑤	④	③	②	①
□工《こう》	□舌《かつ》	竹目□《さん》	□吾《ご》	口《こく》	□斗《か》
□《くるま》の□《こう》じょう。	□《ひと》の□《せいかつ》。	お□《かね》のけい□《さん》。	□《にほんご》の□《ほん》。	□《こくご》のノート。	□《かがく》の□《ほん》。

光村2年①

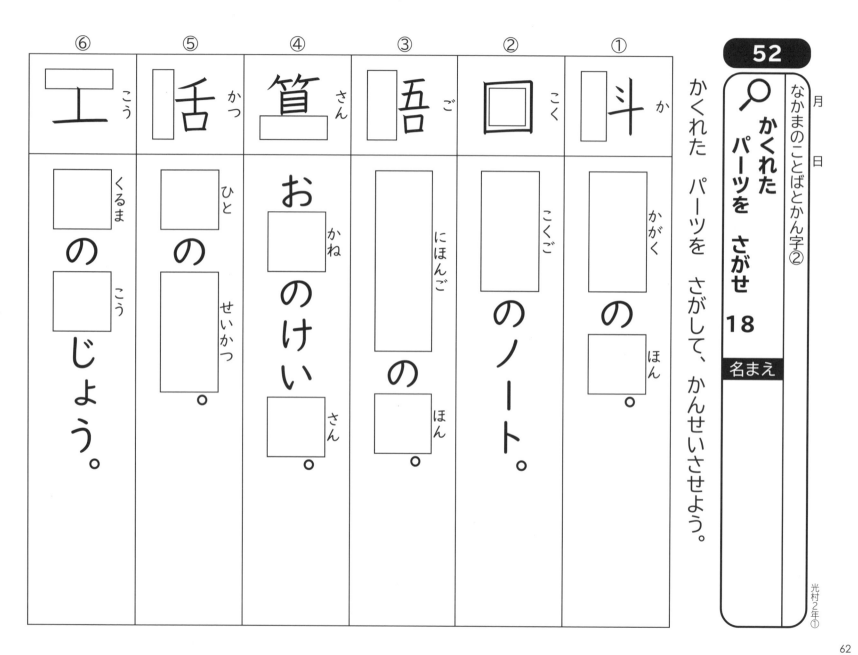

月　日

お手紙／主語と述語に　気をつけよう①

かくれた パーツを さがせ 19

名まえ

かくれた　パーツを　さがして、かんせいさせよう。

①
□《じ》
□《はな》が□《じ》まんの□《むら》。

②
□寺《じ》
□《さんじ》のおやつ。

③
□帰《かえ(る)》
□《がっこう》から□《かえ》る。

④
□可《なに》
□《なに》が□《で》るかな。

⑤
□合《あ(う)》
□《め》と□《め》が□《あ》う。

⑥
□土《さと》
□《やまざと》の□《こ》や。

光村2年①

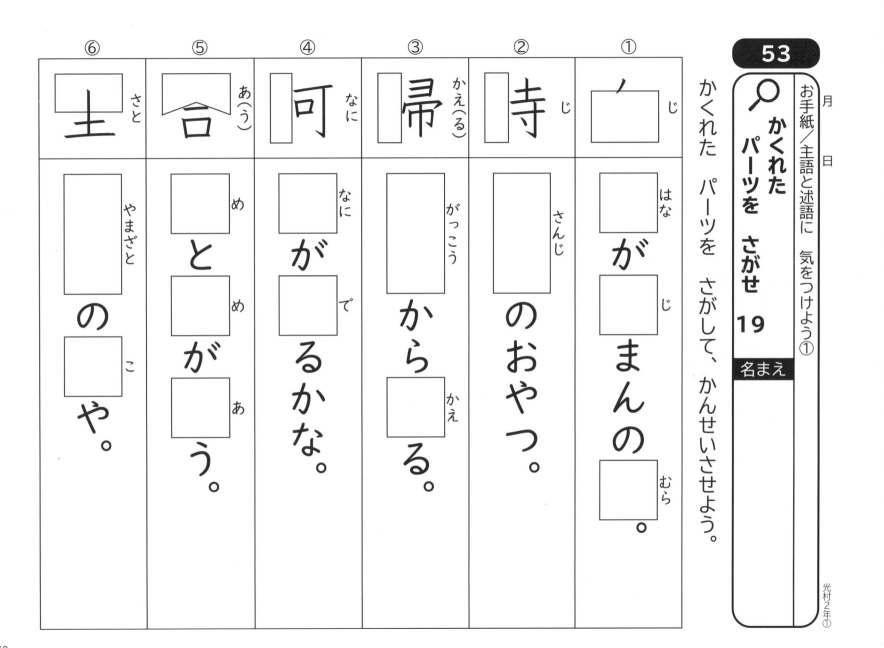

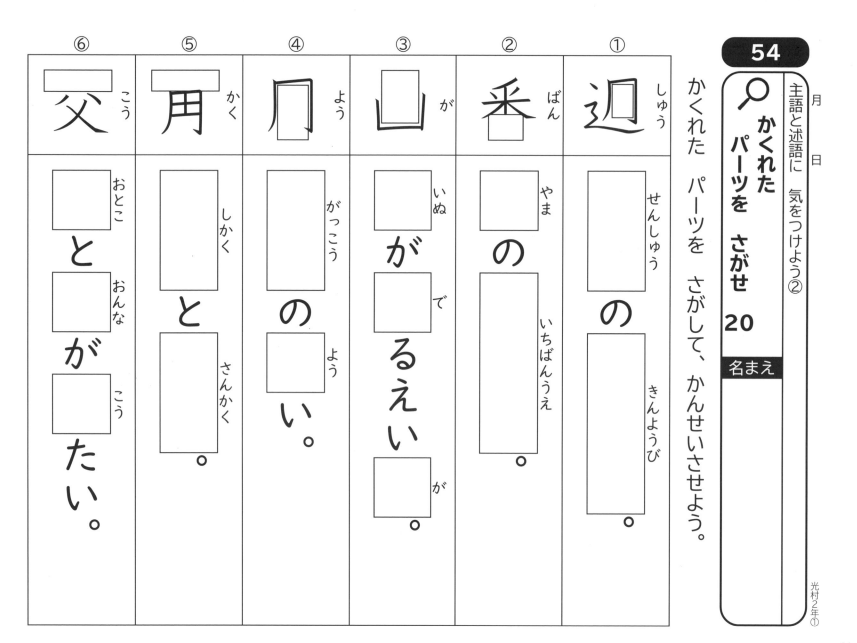

月　日

主語と述語に　気をつけよう②

54

かくれた パーツを　さがせ　20

名まえ

かくれた　パーツを　さがして、かんせいさせよう。

①
□《しゅう》

□《せんしゅう》の□《きんようび》。

②
□《ばん》

□《やま》の□《いちばんうえ》。

③
□《が》

□《いぬ》が□《で》るえい□《が》。

④
□《よう》

□《がっこう》の□《よう》い。

⑤
□《かく》

□《しかく》と□《さんかく》。

⑥
□《こう》

□《おとこ》と□《おんな》が□《こう》たい。

光村2年①

月　日

主語と述語に　気をつけよう③／かん字の読み方①

55

かくれた　パーツを　さがせ　21

名まえ

かくれた　パーツを　さがして、かんせいさせよう。

①
□月《あか(るい)》
□《そら》が□《あか》るい。

②
□生《ほし》
□《ほし》のきれいな□《そら》。

③
□木《とう》
□《とう》ようの□《ひと》たち。

④
□小《きょう》
□《しちがつ》に□《じょうきょう》する。

⑤
十□《ふる(い)》
□《ふる》い□《がっこう》。

⑥
土□《てら》
□《やまでら》にすむ。

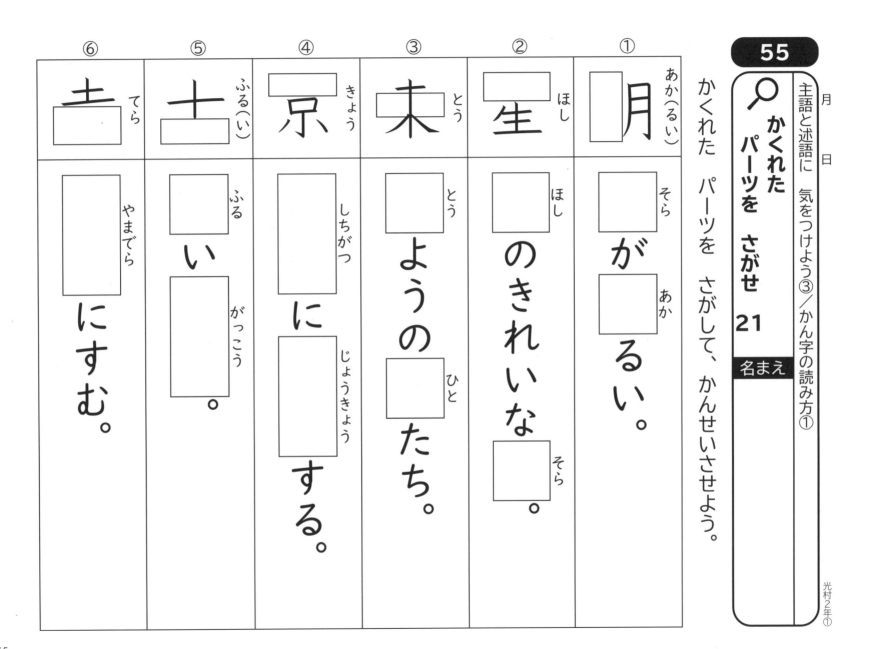

56

かん字の読み方②

かくれた パーツを さがせ 22

名まえ

かくれた パーツを さがして、かんせいさせよう。

①	②	③	④	⑤	⑥
□西（にし）	止□（と(まる)）	道□（みち）	□予（の）	原□（はら）	厶□（だい）
□《にし》の□《そら》が□《あか》い。	□《た》ち□《ど》まる。	□《みちくさ》をする。	□《のやま》の□《くさ》。	□《おお》きな□《はら》っぱ。	□《どだい》の□《うえ》。

光村2年①

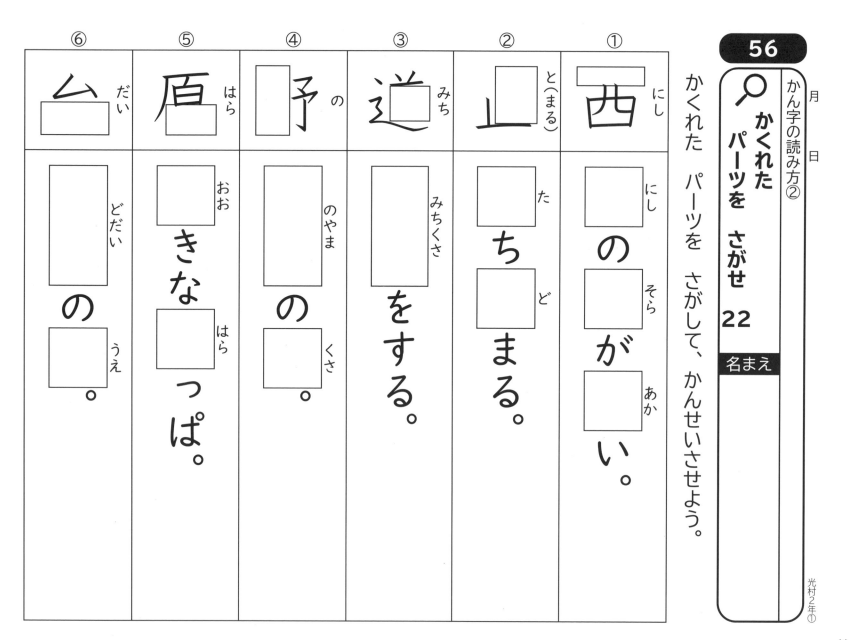

月　日

かん字の読み方③～おもちゃのつくり方をせつめいしよう①

かくれたパーツを　さがせ 23

名まえ

かくれた　パーツを　さがして、かんせいさせよう。

	①	②	③	④	⑤	⑥
パーツ	□㕣《ふね》	□□米《こめ》	□火《あき》	□乍《つく(る)》	□里《り》	□ノ《すこ(し)》
文	□《ふね》で□《かわ》をわたる。	□《しろ》いお□《こめ》。	すんだ□《あき》の□《そら》。	□《くるま》を□《つく》る。	□《やす》んだ□《り》ゆう。	□《あめ》が□《すこ》しふる。

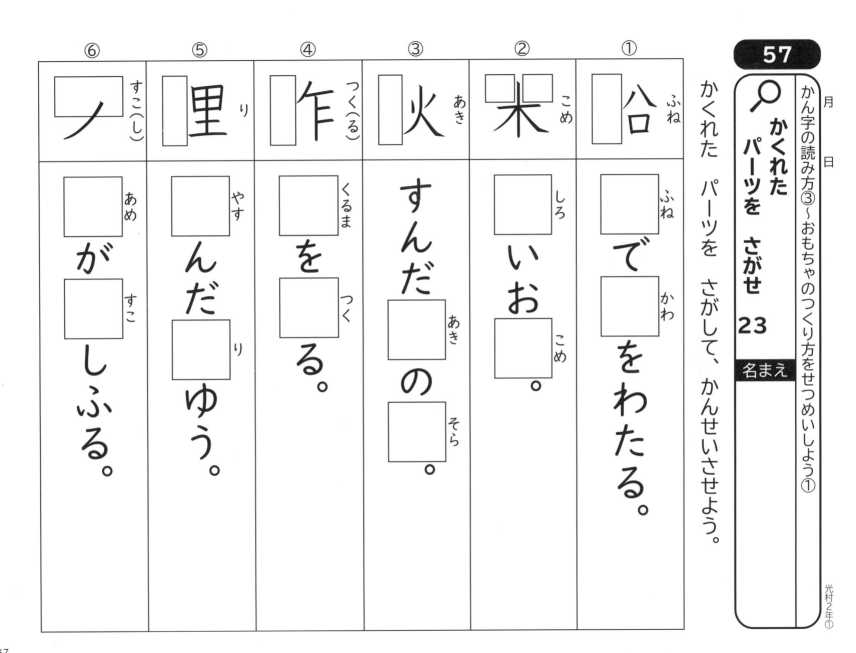

58

月　日

かくれた パーツを さがせ 24

紙コップ花火の作り方／おもちゃの作り方…②～ふゆがいっぱい

名まえ

かくれた パーツを さがして、かんせいさせよう。

①	□《たに》	□《たにがわ》の□《みず》。
②	□《ほそ(い)》	□《ほそ》い□《たけ》のぼう。
③	□《くび》	□《てくび》をつかむ。
④	□《な(く)》	□《むし》が□《な》く。
⑤	□《こころ》	□《いぬ》の□《こころ》がわかる。
⑥	□《ふゆ》	□《ふゆやす》みになる。

光村2年①

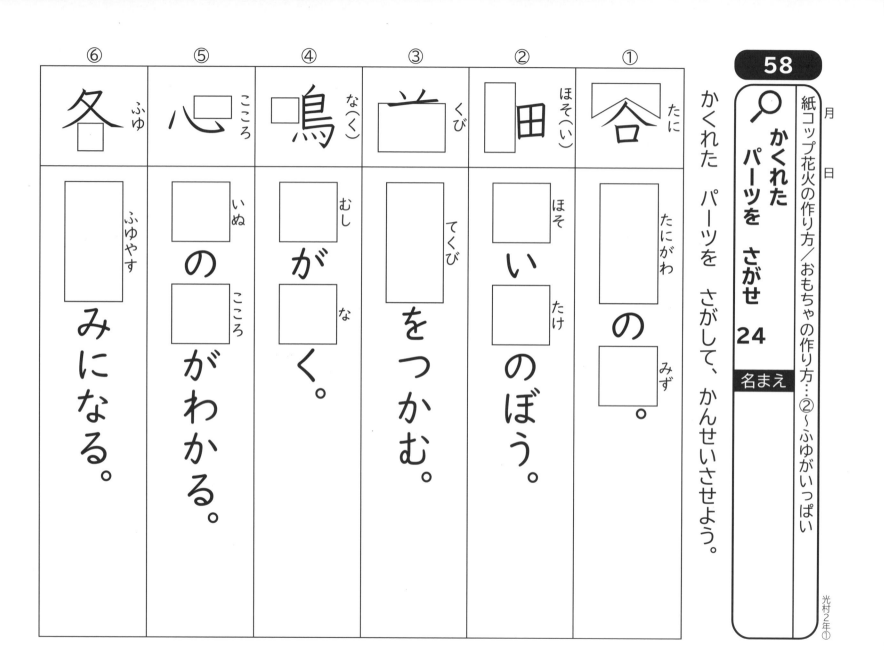

光村2年②

月　日

59

ことばでみちあんない／書いたら、見なおそう／どうぶつ園のじゅうい①

かん字　たしざん　11

名まえ

かん字の　たしざんを　しよう。

＊こたえの　かん字で
ことばを　つくろう。

① 八 ＋ 刀 ＝ □ → → → → □

② 冂 ＋ ロ ＋ 一 ＝ □ → → → □

③ 十 ＋ 目 ＋ ⅃ ＝ □ → → → □

④ 糸 ＋ 氏 ＝ □ → → → → □

⑤ 吉 ＋ ⺮ ＋ 辶 ＝ □ → → → □

⑥ 𠂇 ＋ 又 ＝ □ → → → → □

⑦ 十 ＋ 早 ＋ 月 ＝ □ → → → □

⑧ 彦 ＋ ⼇ ＋ 貝 ＝ □ → → → □

月　日

60

どうぶつ園のじゅうい②

＋かん字 たしざん 12

名まえ

かん字の　たしざんを　しよう。

＊こたえの　かん字で
ことばを　つくろう。

① 𠂉 ＋ 毋 ＋ 一 ＝ □ ↓ ↓ ↓ ↓ ↓ □

② ⺌ ＋ ヨ ＝ □ ↓ ↓ ↓ ↓ ↓ □

③ 門 ＋ 日 ＝ □ ↓ ↓ ↓ ↓ ↓ □

④ 尺 ＋ 日 ＋ 一 ＝ □ ↓ ↓ ↓ ↓ □

⑤ 丷 ＋ 二 ＋ 丨 ＝ □ ↓ ↓ ↓ ↓ □

⑥ ⻗ ＋ 日 ＋ し ＝ □ ↓ ↓ ↓ ↓ □

⑦ 夕 ＋ ト ＝ □ ↓ ↓ ↓ ↓ ↓ □

光村2年②

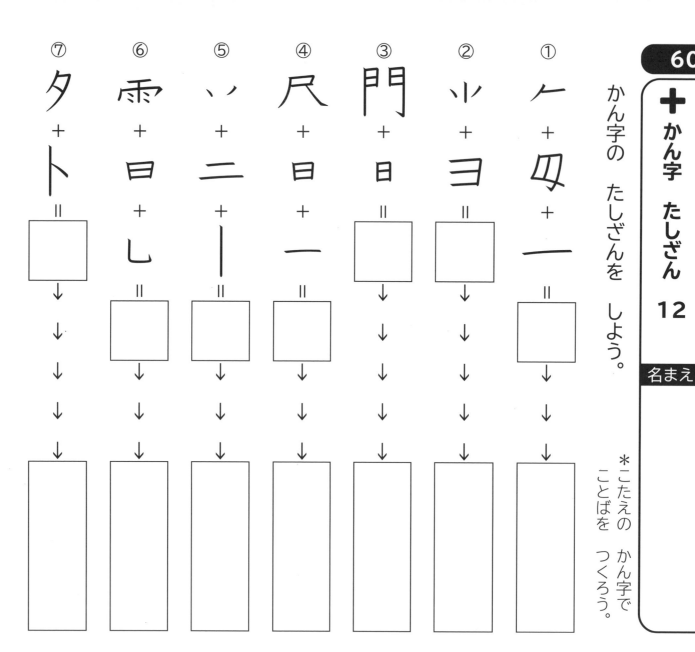

月　　日

ことばあそびをしよう／なかまのことばとかん字①

＋かん字　たしざん　13

名まえ

かん字の　たしざんを　しよう。

① 白 ＋ 丷 ＋ 木 ＝ □ → □

② 立 ＋ 木 ＋ 見 ＝ □ → □

③ 八 ＋ 乂 ＝ □ → □

④ 𠂊 ＋ ⺀ ＋ 一 ＝ □ → □

⑤ 口 ＋ 儿 ＝ □ → □

⑥ 丷 ＋ 弓 ＋ 丿 ＝ □ → □

⑦ 𠂉 ＋ 十 ＝ □ → □

＊こたえの　かん字で
ことばを　つくろう。

62

なかまのことばとかん字②

月　日

✚かん字　たしざん　14

名まえ

かん字の　たしざんを　しよう。

＊こたえの　かん字で
ことばを　つくろう。

① 亠 ＋ イ ＋ 夊 ＝ □ ↓ ↓ ↓ ↓ □

② 禾 ＋ 斗 ＝ □ ↓ ↓ ↓ ↓ ↓ □

③ 冂 ＋ 玉 ＋ 一 ＝ □ ↓ ↓ ↓ □

④ 言 ＋ 五 ＋ 口 ＝ □ ↓ ↓ ↓ □

⑤ ⺮ ＋ 目 ＋ 廾 ＝ □ ↓ ↓ ↓ □

⑥ 氵 ＋ 千 ＋ 口 ＝ □ ↓ ↓ ↓ □

⑦ 一 ＋ 丨 ＋ 一 ＝ □ ↓ ↓ ↓ □

光村2年②

かん字　たしざん　15

お手紙／主語と述語に　気をつけよう①

月　日

名まえ

かん字の　たしざんを　しよう。

＊こたえの　かん字で　ことばを　つくろう。

① ノ＋冂＋三＝□↓↓↓↓□

② 日＋土＋寸＝□↓↓↓↓□

③ リ＋ヨ＋巾＝□↓↓↓↓□

④ イ＋一＋可＝□↓↓↓↓□

⑤ 人＋一＋口＝□↓↓↓↓□

⑥ 曰＋土＝□↓↓↓↓↓□

⑦ 冂＋吉＋辶＝□↓↓↓↓□

月　日

主語と述語に　気をつけよう②

＋かん字　たしざん　16

名まえ

かん字の　たしざんを　しよう。

＊こたえの　かん字で
ことばを　つくろう。

① ノ＋米＋田＝□→→→→→□

② 一＋由＋山＝□→→→→→□

③ 月＋｜＝□→→→→→□

④ ク＋用＝□→→→→→□

⑤ 亠＋父＝□→→→→→□

⑥ 日＋月＝□→→→→→□

⑦ 曰＋生＝□→→→→→□

光村2年②

月　日

65

かん字の読み方①

＋かん字 たしざん 17

名まえ

かん字の　たしざんを　しよう。

① 一＋日＋人＝□→→→□

② 亠＋口＋小＝□→→→□

③ 十＋口＝□→→→→→□

④ 土＋寸＝□→→→→→□

⑤ 冂＋儿＋一＝□→→→□

⑥ ⺊＋一＝□→→→→→□

⑦ 首＋⻌＝□→→→→→□

⑧ 里＋マ＋了＝□→→→□

＊こたえの　かん字で　ことばを　つくろう。

66

✚かん字 たしざん 18

かん字の読み方②／あきがいっぱい／そうだんにのってください

月　日

名まえ

かん字の　たしざんを　しよう。

＊こたえの　かん字で　ことばを　つくろう。

① 厂＋白＋小＝□↓↓↓□

② 厶＋口＝□↓↓↓↓□

③ 舟＋八＋口＝□↓↓↓□

④ 丷＋十＋八＝□↓↓↓□

⑤ 禾＋火＝□↓↓↓↓□

⑥ 亻＋乍＝□↓↓↓↓□

⑦ 王＋日＋土＝□↓↓↓□

光村2年②

月　日

紙コップ花火の作り方〜ふゆがいっぱい

✚かん字　たしざん　19

名まえ

かん字の　たしざんを　しよう。

＊こたえの　かん字で
ことばを　つくろう。

① 小 ＋ ノ ＝ □ ↓ ↓ ↓ ↓ ↓ □

② ハ ＋ 人 ＋ ロ ＝ □ ↓ ↓ ↓ ↓ □

③ 糸 ＋ 田 ＝ □ ↓ ↓ ↓ ↓ ↓ □

④ 丷 ＋ 自 ＝ □ ↓ ↓ ↓ ↓ ↓ □

⑤ ロ ＋ 自 ＋ 穴 ＝ □ ↓ ↓ ↓ ↓ □

⑥ 八 ＋ い ＝ □ ↓ ↓ ↓ ↓ ↓ □

⑦ 夂 ＋ ミ ＝ □ ↓ ↓ ↓ ↓ ↓ □

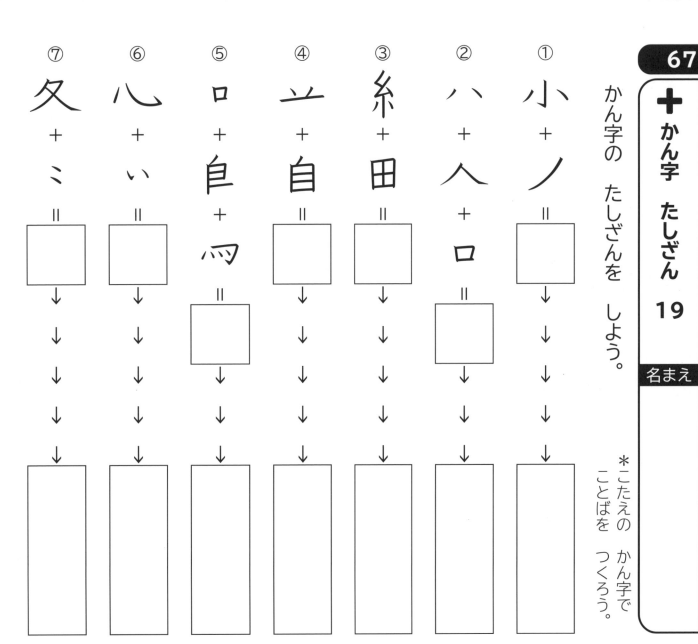

月　日

たりないのは　どこ（かたちを　よく見て）

14

名まえ

たりない　ところを　見つけて、正しく　かこう。

① 分《わ》かる ↓

② 一回《いっかい》 ↓

③ 直《なお》す ↓

④ 手《て》紙《がみ》 ↓

⑤ 遠足《えんそく》 ↓

⑥ 友《とも》だち ↓

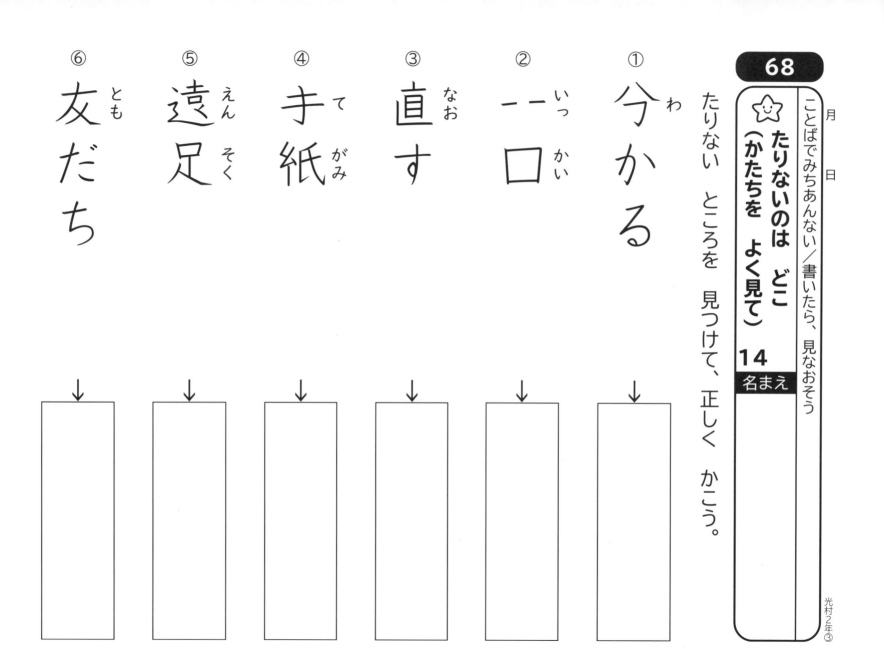

月　日

どうぶつ園のじゅうい①

たりないのは　どこ（かたちを　よく見て）15

名まえ

たりない　ところを　見つけて、正しく　かこう。

① 朝《あさ》口《ひ》

② 知《し》らん顔《かお》

③ 毎《まい》口《にち》

④ 当《あ》たりくじ

⑤ この間《あいだ》

⑥ 昼《ひる》什《やす》み

光村2年③

月　日

どうぶつ園のじゅうい②／ことばあそびをしよう

たりないのは　どこ（かたちを　よく見て）

16

名まえ

たりない　ところを　見つけて、正しく　かこう。

①　半《はん》分《ぶん》
↓

②　電《でん》車《しゃ》
↓

③　外《そと》がわ
↓

④　楽《たの》しい
↓

⑤　親《した》しむ
↓

光村2年③

☆たりないのは　どこ（かたちを　よく見て）

17

名まえ

たりない　ところを　見つけて、正しく　かこう。

① 乂《ちち》の口《ひ》

↓ □

② 母《はは》の口《ひ》

↓ □

③ 冗《あに》のへや

↓ □

④ 弔《おとうと》の木《ほん》

↓ □

⑤ 干《ご》後《ご》

↓ □

⑥ 夜《よる》ごはん

↓ □

月　日

なかまのことばとかん字②

たりないのは　どこ（かたちを　よく見て）18

名まえ

たりない　ところを　見つけて、正しく　かこう。

① 科《か》字《がく》

② 国《こく》語《ご》

③ えい語《ご》

④ 算《さん》数《すう》

⑤ 主《せい》活《かつ》

⑥ 二《こう》さく

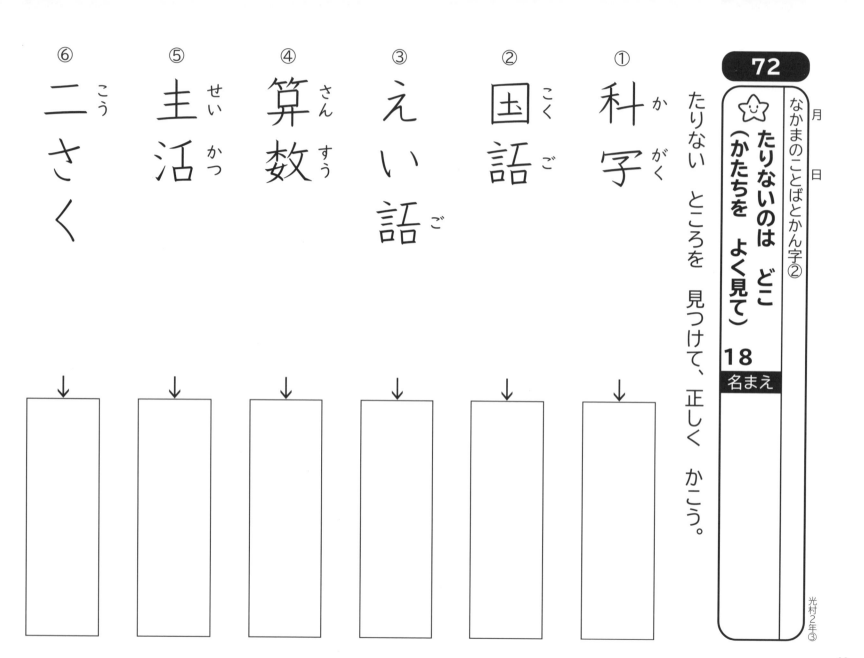

月　日

お手紙／主語と述語に　気をつけよう①

たりないのは　どこ（かたちを　よく見て）19

名まえ

たりない　ところを　見つけて、正しく　かこう。

① 目《じ》てん車《しゃ》

② 二《さん》時《じ》

③ 帰《かえ》る

④ 仃《なに》か

⑤ 合《あ》う

⑥ 里《さと》いも

光村2年③

主語と述語に　気をつけよう②

月　日

たりないのは　どこ（かたちを　よく見て）

20

名まえ

たりない　ところを　見つけて、正しく　かこう。

①　先《せん》迴《しゅう》

②　るす番《ばん》

③　えい画《が》

④　す《こ》ども月《よう》

⑤　四《し》角《かく》

⑥　文《こう》番《ばん》

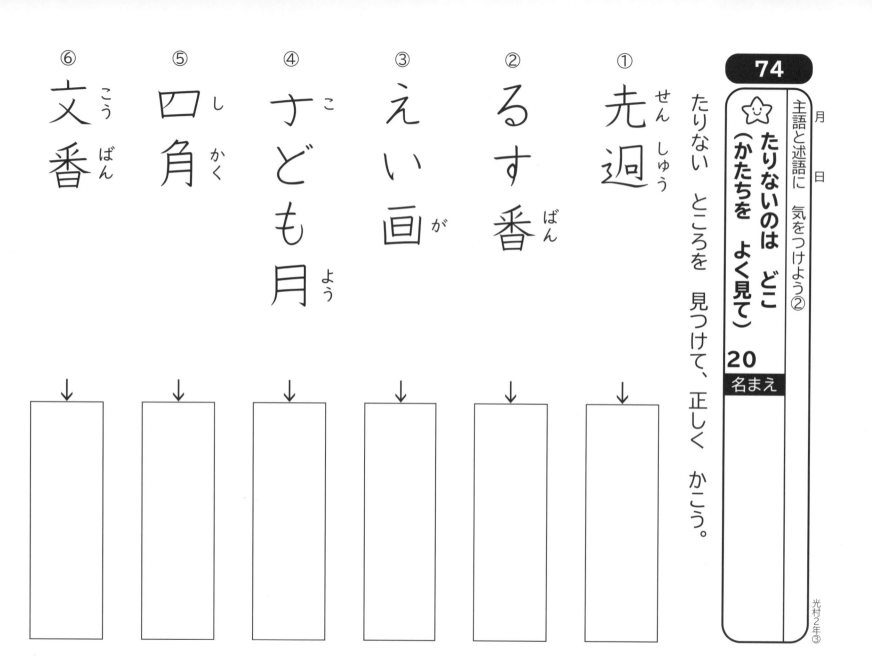

月　日

主語と述語に　気をつけよう③／かん字の読み方①

☆ **たりないのは　どこ（かたちを　よく見て）21**

名まえ

たりない　ところを　見つけて、正しく　かこう。

① 明《あか》るい

② 星《ほし》空《ぞら》

③ 東《とう》京《きょう》

④ 京《きょう》と

⑤ 古《ふる》い本《ほん》

⑥ 山《やま》寺《でら》

光村2年③

月　日

かん字の読み方②

たりないのは　どこ（かたちを　よく見て）22

名まえ

たりない　ところを　見つけて、正しく　かこう。

① 西《にし》口《び》

② 立《た》ち止《ど》まる

③ まわり道《みち》

④ 野《の》凵《やま》

⑤ 原《はら》っぱ

⑥ すべり台《だい》

光村2年③

月　日

かん字の読み方③～おもちゃのつくり方をせつめいしよう①

たりないのは　どこ（かたちを　よく見て）

23

名まえ

たりない　ところを　見つけて、正しく　かこう。

① 人《おお》きな船《ふね》

② 半《こめ》だわら

③ 秋《あき》空《そら》

④ 作《つく》る

⑤ 埋《り》科《か》

⑥ 少《すこ》し

光村2年③

紙コップ花火の作り方／おもちゃの作り方…②～ふゆがいっぱい

月　日

たりないのは　どこ（かたちを　よく見て）24

名まえ

光村2年③

たりない　ところを　見つけて、正しく　かこう。

① 谷《たに》川《がわ》
↓

② 細《ほそ》い
↓

③ 手《て》首《くび》
↓

④ 鳴《な》く
↓

⑤ 心《こころ》のこり
↓

⑥ 冬《ふゆ》休《やす》み
↓

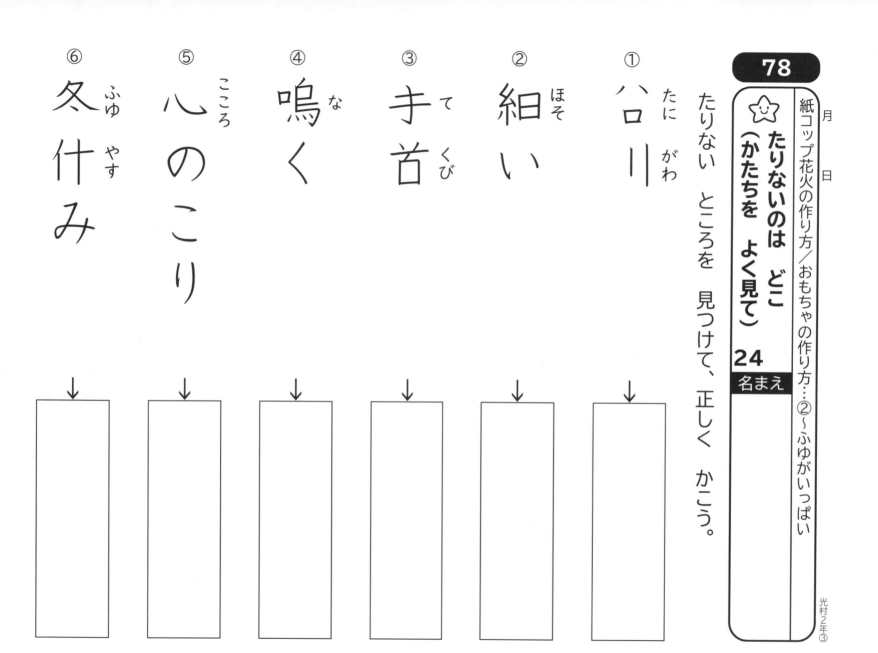

かん字を 入れよう 12

名まえ

ことばでみちあんない／書いたら、見なおそう

月　日

文を よんで、ぴったりの かん字を 入れよう。

① こたえが□かった人は、手をあげましょう。

② なわとびを、つづけて十□とぶ。

③ まちがった字を、書き□しましょう。

④ おり□で、千ばづるをおりました。

⑤ 学校の□足で、どうぶつ園に行く。

⑥ 学校からかえって□だちの家であそぶ。

ヒント

回　友　直　分　紙　遠

月　日

80

どうぶつ園のじゅうい①

かん字を　入れよう　13

名まえ

文を　よんで、ぴったりの　かん字を　入れよう。

①遠足の日に□早く目がさめた。

②はをみがいたあと、つめたい水で□をあらう。

③わたしは、□日、日記をつけています。

④ボールが、かおに□たって、はなぢが出た。

⑤前の人と□をあけて、ならびましょう。

⑥早おきして、ねむかったので□ねをした。

ヒント

当　毎　昼　朝　顔　間

光村2年④

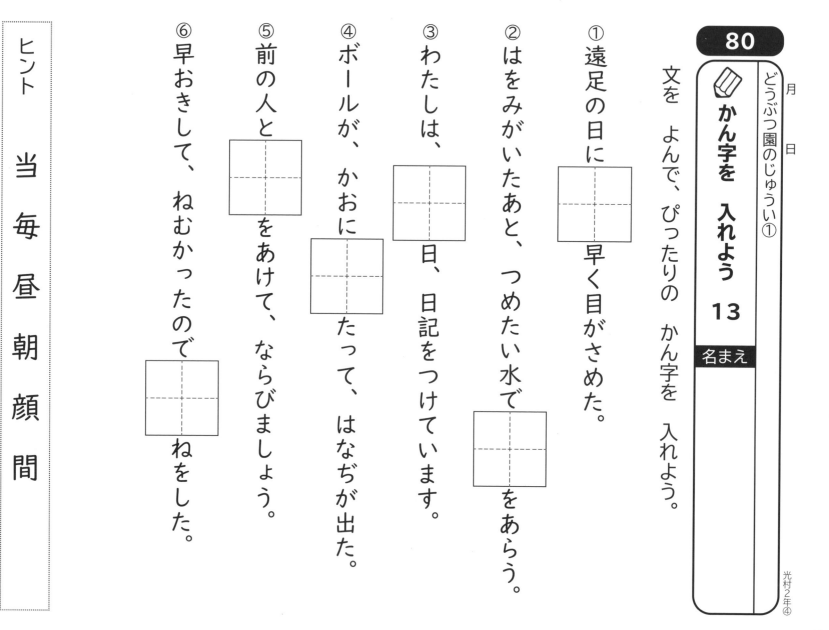

月　日

光村2年④

81

かん字を 入れよう 14

どうぶつ園のじゅうい②／ことばあそびをしよう

名まえ

文を よんで、ぴったりの かん字を 入れよう。

①ほうちょうで、リンゴを□分に切った。

②くらくなったので、へやの□気をつけた。

③天気のよい日は□に出てあそびましょう。

④きのうの遠足は、とても□しかった。

⑤小さいころから、□しい友だちです。

ヒント

楽　半　親　電　外

かん字を　入れよう　15

名まえ

文を　よんで、ぴったりの　かん字を　入れよう。

①おとうさんに、□の日のプレゼントをわたす。

②おかあさんに、□の日のプレゼントをわたす。

③わたしの上には、姉と□がいる。

④わたしの下には、妹と□がいる。

⑤お昼の十二じを、正□という。

⑥月のない□、空に、ほしが光っている。

ヒント　父　弟　兄　夜　母　午

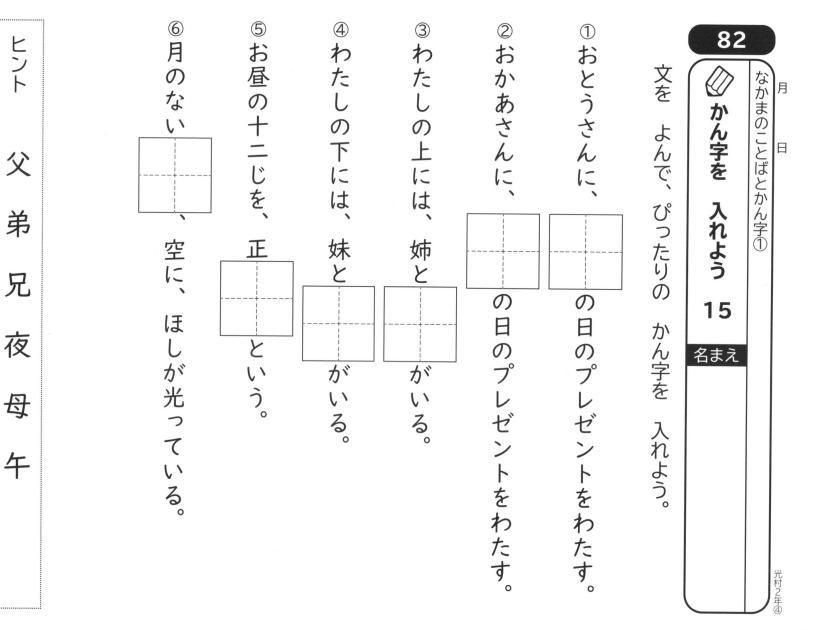

月　日

なかまのことばとかん字②

かん字を　入れよう　16

名まえ

文を　よんで、ぴったりの　かん字を　入れよう。

①生かつ□で、朝顔をそだてました。

②ひこうきにのって、がい□に行く。

③二じかん目は、こく□のべんきょうでした。

④あしたは、こくごと□数のテストがある。

⑤休みの日も、きそく正しい生□をしましょう。

⑥学校の前は、どうろ□じで車が通れない。

ヒント　工　国　活　語　科　算

光村2年④

月　日

お手紙

かん字を　入れよう　17

名まえ

文を　よんで、ぴったりの　かん字を　入れよう。

①公園まで、□てん車にのって行く。

②わたしは、毎朝七□におきます。

③学校がおわって、家に□りました。

④みんなで、□をしてあそぶかそうだんした。

⑤このくつは、足にぴったり□っている。

ヒント
時　帰　合　自　何

光村2年④

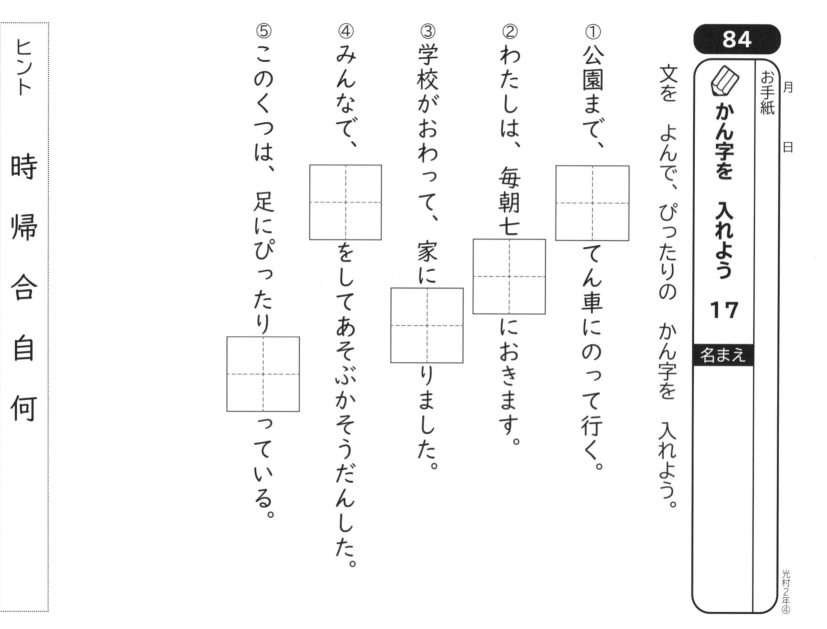

月　日

主語と述語に　気をつけよう①

かん字を　入れよう　18

名まえ

光村2年④

文を　よんで、ぴったりの　かん字を　入れよう。

①たぬきの親子が、山□でくらしていました。

②今□の金曜日は、遠足です。

③きゅう食当□で、パンをくばる。

④遠足のバスで、アニメのえい□を見た。

⑤クレヨンで、が□紙に、絵をかいた。

ヒント
画　用　週　里　番

86

月　日

主語と述語に　気をつけよう②／かん字の読み方①

かん字を　入れよう　19

名まえ

文を　よんで、ぴったりの　かん字を　入れよう。

①おり紙を三□におって、つるをつくる。

②見つかったので、おにを□たいしました。

③よがあけて、空が□るくなった。

④夜の空に、あかるい□が光っている。

⑤しんかん線から□きょうタワーが見えた。

⑥ならや□とには、お寺が多い。

ヒント　東　星　角　京　明　交

光村2年④

月　日

かん字の読み方②

かん字を　入れよう　20

名まえ

文を　よんで、ぴったりの　かん字を　入れよう。

①おじいさんの□いとけいは、うごかない。

②山のお□のかねが、「ゴーン」となった。

③夕日が、□の山にしずんでいく。

④きゅうブレーキをかけて、車が□まった。

⑤この□をまっすぐ行くと、公園です。

⑥広い□原にねころんで、空を見た。

ヒント　寺　古　西　野　止　道

月　日

かん字を 入れよう 21

かん字の読み方③／あきがいっぱい／そうだんにのってください

名まえ

文を よんで、ぴったりの かん字を 入れよう。

①広い□っぱで、かけっこをする。

②公園のすべり□であそびました。

③このみなとから、□でしまにわたる。

④田んぼでいねをそだてて、□をつくる。

⑤コスモスやききょうは□にさく花です。

⑥このはたけでは、レタスを□っている。

⑦三年生から□科のべんきょうがはじまる。

ヒント

台　米　原　秋　船　作　理

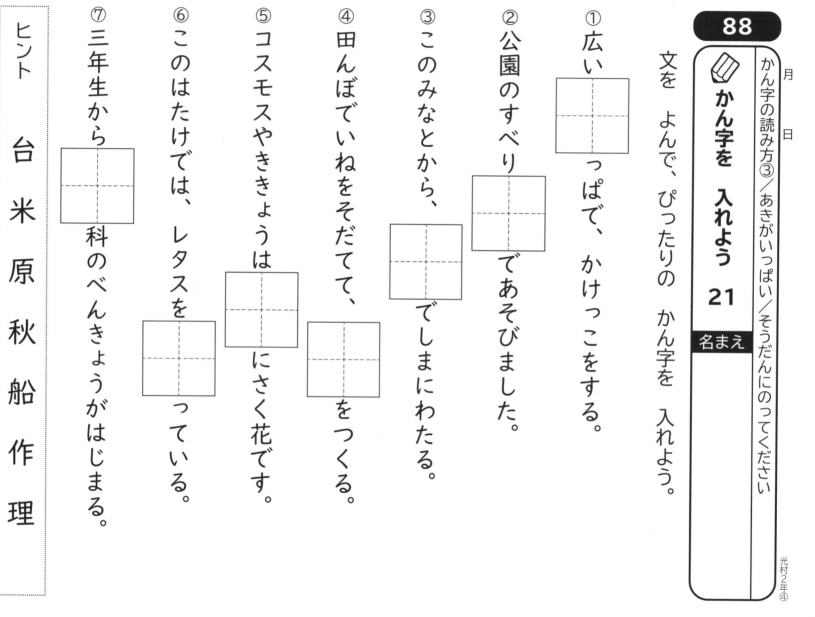

月　日

紙コップ花火の作り方～ふゆがいっぱい

かん字を　入れよう　22

名まえ

文を　よんで、ぴったりの　かん字を　入れよう。

①男の子の人数が、女の子より□し多い。

②山と山の間の□に、川がながれている。

③ゴボウは□くて、長いやさいです。

④キリンは、□が長くて、せが高い。

⑤すず虫がリンリンと□いている。

⑥このお話は、とても□にのこりました。

⑦二学きがおわって、あしたから□休みです。

ヒント　少　心　谷　冬　細　鳴　首

光村2年④

3 学期

月　日

かたかなで書くことば

90

かくれたパーツを　さがせ　25

名まえ

かくれた　パーツを　さがして、かんせいさせよう。

①
戸《と》

□《と》をあけて□《で》る。

②
□《むぎ》

□《こむぎ》こをこねる。

③
茶《ちゃ》

お□《ちゃ》わん□《いっ》ぱい。

④
□也《ち》

□《だいち》に□《た》つ。

⑤
□《いち》

□《ようか》に□《いち》が□《た》つ。

⑥
□昜《ば》

□《がっこう》のすな□《ば》。

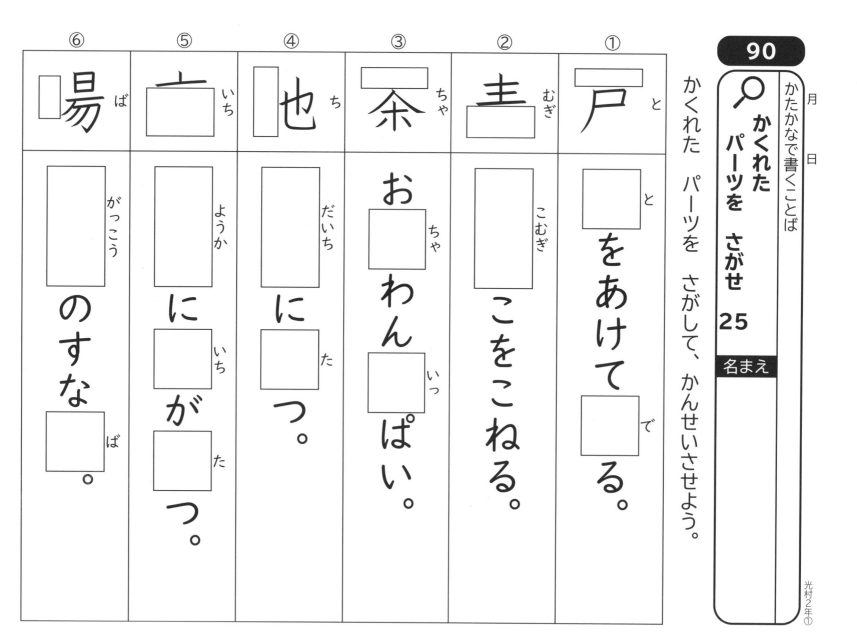

91

かくれた パーツを さがせ 26

名まえ

ロボット／カンジーはかせの大はつめい

月　日

かくれた　パーツを　さがして、かんせいさせよう。

①

こた(え)

□《こた》えを□《み》る。

②
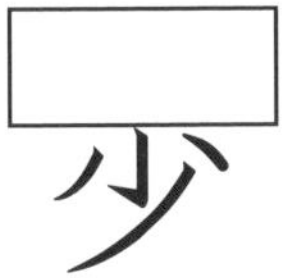
ある(く)

□《もり》の□《なか》を□《ある》く。

③

さい

かん□《じ》の□《てんさい》。

④

もん

□《こうもん》の□《ひだり》。

⑤
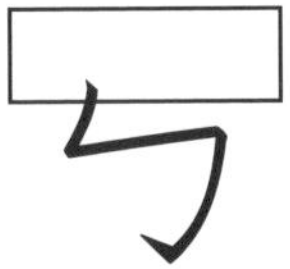
ゆみ

□《たけ》でできた□《ゆみ》。

⑥

や

とがった□《や》の□《さき》。

光村2年①

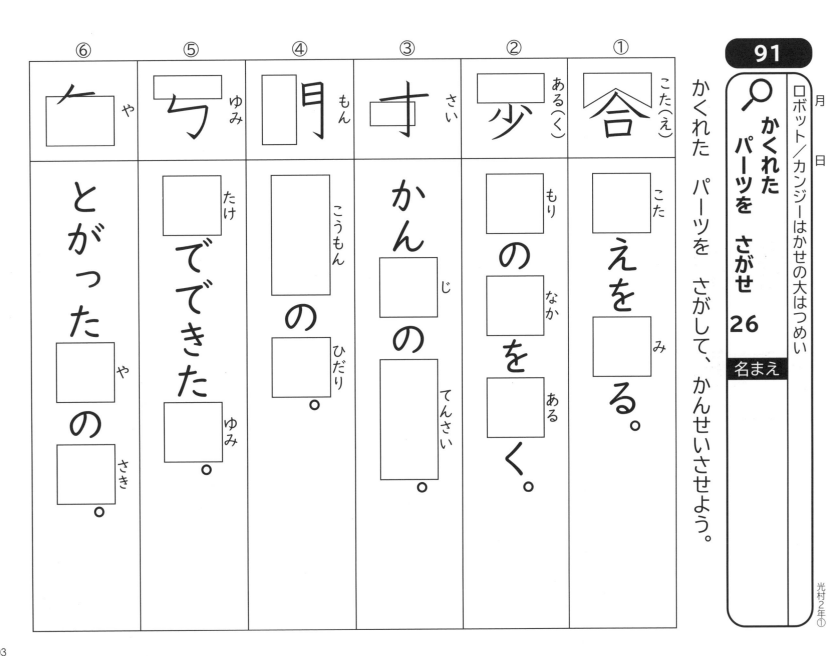

月　日

かくれた パーツを さがせ 27

名まえ

かくれた　パーツを　さがして、かんせいさせよう。

① □十《けい》

□《けい》かくを□《た》てる。

② □至《しつ》

□《きょうしつ》に□《はい》る。

③ 馬《うま》

□《うま》の□《あし》。

④ 丬□《きた》

□《かわ》の□《きた》がわの□《やま》。

⑤ 牛《うし》

□《おお》きい□《うし》。

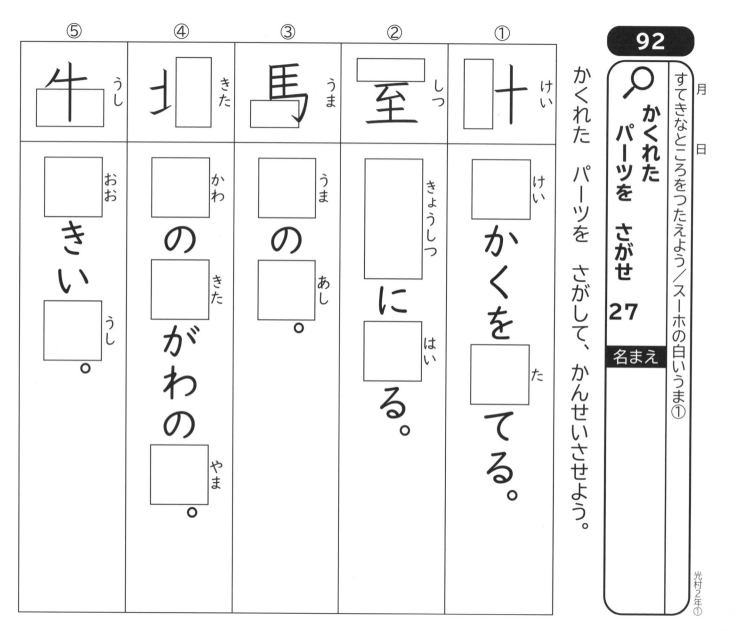

月　日

スーホの白い馬②／楽しかったよ、二年生

93

かくれた パーツを さがせ 28

名まえ

かくれた パーツを さがして、かんせいさせよう。

①
□龰 はし（る）

□《ちから》いっぱい□《はし》る。

②
□冗 う（る）

□《はな》を□《う》る。

③
□弓 よわ（る）

□《あめ》で□《むし》が□《よわ》る。

④
□虽 つよ（い）

□《みぎて》の□《ちから》が□《つよ》い。

光村2年①

94

かたかなで書くことば／ロボット

月　日

＋かん字　たしざん　20

名まえ

かん字の　たしざんを　しよう。

＊こたえの　かん字で　ことばを　つくろう。

① 一 ＋ 尸 ＝ □ ↓ ↓ ↓ ↓ ↓ □

② 圭 ＋ 夂 ＝ □ ↓ ↓ ↓ ↓ ↓ □

③ 艹 ＋ 𠆢 ＋ 木 ＝ □ ↓ ↓ ↓ ↓ □

④ 土 ＋ 也 ＝ □ ↓ ↓ ↓ ↓ ↓ □

⑤ 亠 ＋ 巾 ＝ □ ↓ ↓ ↓ ↓ ↓ □

⑥ 土 ＋ 日 ＋ 勿 ＝ □ ↓ ↓ ↓ ↓ □

⑦ ⺮ ＋ 𠆢 ＋ 口 ＝ □ ↓ ↓ ↓ ↓ □

⑧ 止 ＋ 少 ＝ □ ↓ ↓ ↓ ↓ ↓ □

光村2年②

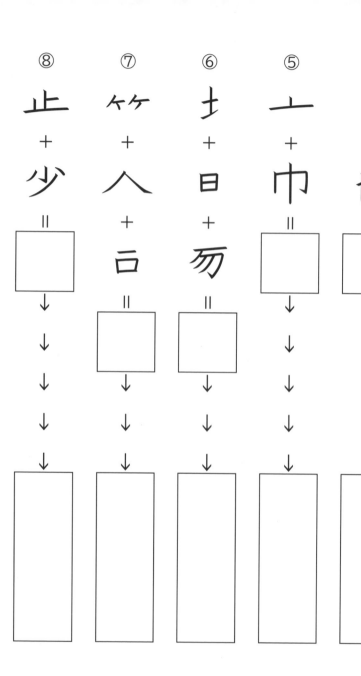

95

月　日

✚かん字　たしざん　21

カンジーはかせの大はつめい／すてきなところをつたえよう

名まえ

かん字の　たしざんを　しよう。

＊こたえの　かん字で　ことばを　つくろう。

① 一 ＋ 亅 ＋ ノ ＝ □ ↓↓↓ □

② 𠃍 ＋ 月 ＝ □ ↓↓↓↓ □

③ コ ＋ 㔾 ＝ □ ↓↓↓↓ □

④ 𠂉 ＋ 大 ＝ □ ↓↓↓↓ □

⑤ 言 ＋ 十 ＝ □ ↓↓↓↓ □

⑥ 宀 ＋ 云 ＋ 土 ＝ □ ↓↓↓ □

光村2年②

96

月　日

＋かん字　たしざん　22

スーホの白いうま／楽しかったよ、二年生

名まえ

かん字の　たしざんを　しよう。

＊こたえの　かん字で
ことばを　つくろう。

①
用
＋
⺈
＋
⺌
＝
□
↓
↓
↓
↓
□

②
土
＋
匕
＝
□
↓
↓
↓
↓
↓
□

③
𠂉
＋
丨
＝
□
↓
↓
↓
↓
↓
□

④
土
＋
𠂉
＝
□
↓
↓
↓
↓
↓
□

⑤
土
＋
冖
＋
儿
＝
□
↓
↓
↓
↓
□

⑥
弓
＋
弓
＝
□
↓
↓
↓
↓
↓
□

⑦
弓
＋
厶
＋
虫
＝
□
↓
↓
↓
↓
□

光村2年②

97

月　日

ふくしゅうもんだい

＋かん字　たしざん　23

名まえ

かん字の　たしざんを　しよう。

＊こたえの　かん字で
ことばを　つくろう。

① 言＋士＋冗＝□↓↓↓↓↓□

② ヨ＋上＋日＝□↓↓↓↓↓□

③ 亠＋二＋口＝□↓↓↓↓↓□

④ 言＋千＋口＝□↓↓↓↓↓□

⑤ 門＋耳＝□↓↓↓↓↓□

⑥ 亻＋乍＝□↓↓↓↓↓□

光村2年②

98

かたかなで書くことば

月　日

たりないのは　どこ（かたちを　よく見て）25

名まえ

たりない　ところを　見つけて、正しく　かこう。

① 帀《あま》戸《ど》

② 麦《むぎ》苶《ちゃ》

③ 苶《ちゃ》色《いろ》

④ 地《ち》きゅう

⑤ 帀《いち》場《ば》

⑥ 広《ひろ》場《ば》

光村2年③

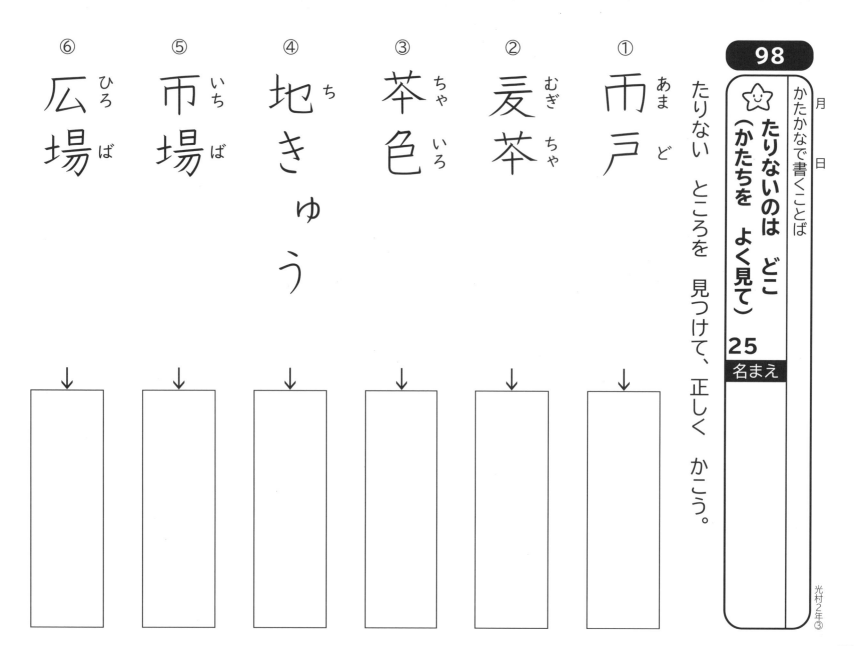

月　日

ロボット／カンジーはかせの大はつめい

99

たりないのは　どこ（かたちを　よく見て）26

名まえ

たりない　ところを　見つけて、正しく　かこう。

① 答《こた》え ↓

② 山《やま》歩《ある》き ↓

③ 才《さい》のう ↓

④ 校《こう》門《もん》 ↓

⑤ 弓《ゆみ》矢《や》 ↓

⑥ 矢《や》じるし ↓

光村2年③

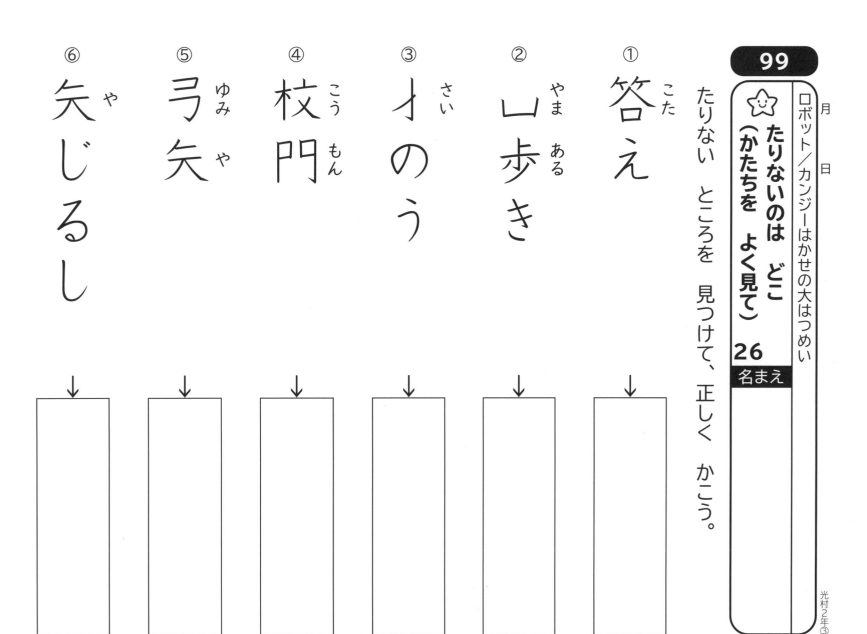

月　日

すてきなところをつたえよう／スーホの白いうま①

100

たりないのは　どこ（かたちを　よく見て）

27

名まえ

たりない　ところを　見つけて、正しく　かこう。

① 計《けい》算《さん》 ↓

② 教《きょう》室《しつ》 ↓

③ 竹《たけ》馬《うま》 ↓

④ 北《きた》風《かぜ》 ↓

⑤ 人《おお》きい牛《うし》 ↓

光村2年③

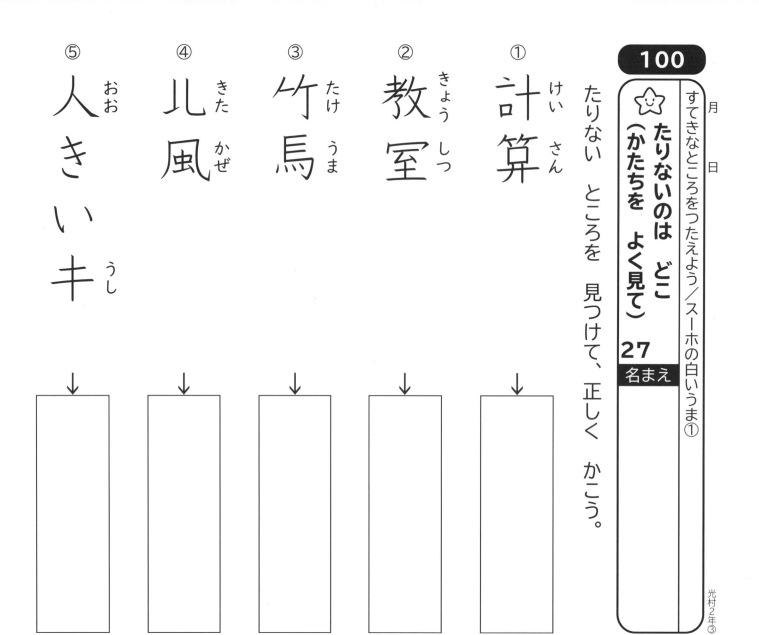

月　日

スーホの白い馬②／楽しかったよ、二年生

たりないのは　どこ（かたちを　よく見て）28

名まえ

たりない　ところを　見つけて、正しく　かこう。

①　走《はし》る

②　やす売《う》り

③　弱《よわ》る

④　刀《ちから》強《づよ》い

102

かん字を 入れよう 23

月　日

名まえ

文を よんで、ぴったりの かん字を 入れよう。

①ドアにかぎをかけて、□じまりをする。

②パンやパスタは、小□から作られます。

③ごはんをお□わんに山もりに入れる。

④わたしたちのすむ星は、□きゅうです。

⑤町の□ばで、くだものを買う。

⑥おもちゃうり□でゲームをさがした。

⑦テストのもんだいの□えを考える。

ヒント
場　麦　答　地　市　茶　戸

月　日

103 かん字を 入れよう 24

ロボット②／カンジーはかせの大はつめい／すてきなところをつたえよう

光村2年④

名まえ

文を よんで、ぴったりの かん字を 入れよう。

① ろうかは、 はしらないで□きましょう。

② あの人は、 コンピューターゲームの天□です。

③ 学校の入口には校□がある。

④ まとをねらって、 思い切り□を引いた。

⑤ まとのまん中に□がささっている。

⑥ 夏休みの□かくを立てましょう。

⑦ 二年一組の教□は二かいです。

ヒント
計 歩 門 矢 室 才 弓

月　日

スーホの白いうま／楽しかったよ、二年生

かん字を 入れよう 25

名まえ

文を よんで、ぴったりの かん字を 入れよう。

①たてがみをなびかせて、□がはしっている。

②雪がふり、つめたい□風もふいてきた。

③ぼくじょうで、□が草を食べている。

④チーターは、□るのがとてもはやい。

⑤新しいゲームソフトは□り切れました。

⑥うんどうをしないと、体が□ってしまう。

⑦ゴリラは、力が□いどうぶつです。

ヒント　走　牛　弱　北　売　強　馬

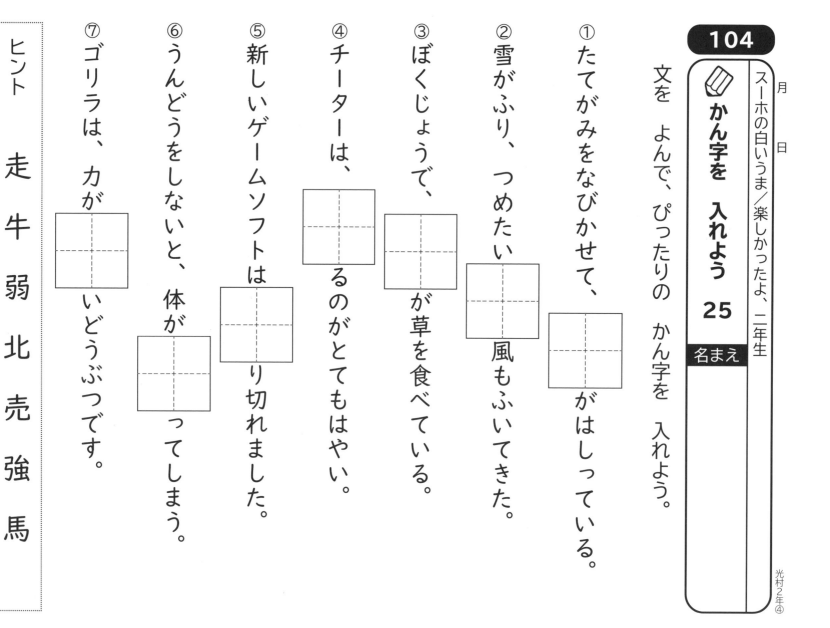

105

月　日

ふくしゅうもんだい

かん字を　入れよう　26

名まえ

文を　よんで、ぴったりの　かん字を　入れよう。

①新かん線から□京タワーが見えた。

②夕日が、□の山にしずんでいく。

③このへやは、□むきで、とても明るい。

④雪がふり、つめたい□風もふいてきた。

⑤一番□から、うしろにまわしてください。

⑥足音がしたので、□ろをふりむいた。

ヒント
前　西　南　後　北　東

答え （解答例）

🔍 かくれた　パーツを　さがせ　【答え】
・1学期　120　・2学期　134　・3学期　146

➕ かん字　たしざん　【答え・ことばの例】
・1学期　124　・2学期　137　・3学期　147

☆ たりないのは　どこ（かたちを　よく見て）【答え】
・1学期　127　・2学期　140　・3学期　148

✏️ かん字を　入れよう　【答え】

1学期の答え　1〜4

1

ふきのとう

月　日

かくれた パーツを さがせ 1

名まえ

かくれた パーツを さがして、かんせいさせよう。

① 読《よ(む)》　本《ほん》を読《よ》む。

② 雪《ゆき》　雨《あめ》が雪《ゆき》にかわる。

③ 声《こえ》　大《おお》きな声《こえ》を出《だ》す。

④ 言《い(う)》　名《な》まえを言《い》う。

⑤ 行《い(く)》　学校《がっこう》に行《い》く。

⑥ 南《みなみ》　南《みなみ》のしまの大王《だいおう》。

光村2年①

2

としょ館たんけん／はるが いっぱい

月　日

かくれた パーツを さがせ 2

名まえ

かくれた パーツを さがして、かんせいさせよう。

① 図《と》　図書《としょ》しつの本《ほん》。

② 書《か(く)》　名《な》まえを書《か》く。

③ 方《かた》　犬《いぬ》のかい方《かた》。

④ 絵《え》　絵本《えほん》の犬《いぬ》。

⑤ 知《し(る)》　名《な》まえを知《し》る。

⑥ 春《はる》　春休《はるやす》みの日《ひ》。

光村2年①

3

にっきを 書こう／ともだちは どこかな

月　日

かくれた パーツを さがせ 3

名まえ

かくれた パーツを さがして、かんせいさせよう。

① 思《おも(う)》　思《おも》い出《で》の空《そら》。

② 記《き》　日記《にっき》の文《ぶん》。

③ 曜《よう》　日曜日《にちようび》は休《やす》む。

④ 肉《にく》　大《おお》きなとり肉《にく》。

⑤ 話《はな(す)》　話《はな》す人《ひと》を見《み》る。

⑥ 聞《き(く)》　雨《あめ》の音《おと》を聞《き》く。

光村2年①

4

たんぽぽの ちえ①

月　日

かくれた パーツを さがせ 4

名まえ

かくれた パーツを さがして、かんせいさせよう。

① 黄《き》　黄《き》みどりの花《はな》。

② 色《いろ》　赤色《あかいろ》の花《はな》。

③ 黒《くろ》　黒《くろ》の石《いし》をさがす。

④ 太《ふと(る)》　木《き》のみきが太《ふと》る。

⑤ 毛《け》　青《あお》い毛糸《けいと》。

⑥ 高《たか(い)》　高《たか》い山《やま》にのぼる。

光村2年①

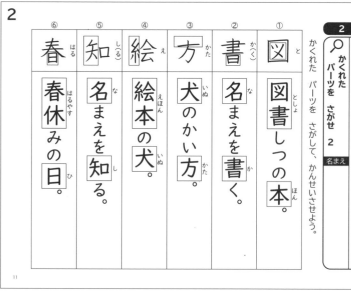

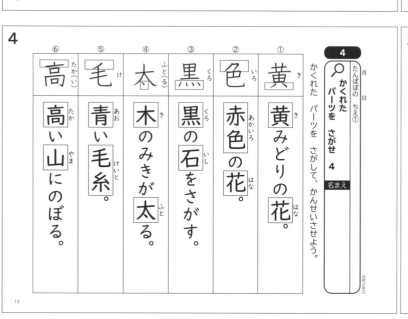

5

たんぽぽの ちえ②　月　日

かくれた パーツを さがせ 5

名まえ

かくれた パーツを さがして、かんせいさせよう。

① 風《かぜ》
② 晴《は(れる)》
③ 多《おお(い)》
④ 新《あたら(しい)》
⑤ 考《かんが(える)》

① はげしい雨《あめ》と風《かぜ》。
② 空《そら》が晴《は》れる。
③ 森《もり》には木《き》が多《おお》い。
④ 新《あたら》しい本《ほん》。
⑤ よく見《み》て考《かんが》える。

6

かんさつ名人に なろう　月　日

かくれた パーツを さがせ 6

名まえ

かくれた パーツを さがして、かんせいさせよう。

① 形《かたち》
② 体《からだ》
③ 長《なが(い)》
④ 近《ちか(い)》
⑤ 同《おな(じ)》

① 犬《いぬ》の形《かたち》の石《いし》。
② 人《ひと》の体《からだ》のほね。
③ 足《あし》の長《なが》い犬《いぬ》。
④ 林《はやし》に近《ちか》い学校《がっこう》。
⑤ 同《おな》じ学校《がっこう》の人《ひと》。

7

同じ ぶぶんを もつ かん字①　月　日

かくれた パーツを さがせ 7

名まえ

かくれた パーツを さがして、かんせいさせよう。

① 今《いま》
② 会《かい》
③ 社《しゃ》
④ 刀《かたな》
⑤ 切《き(れる)》
⑥ 内《ない》

① 今《いま》の天気《てんき》。
② 子《こ》ども会《かい》に入《はい》る。
③ 村《むら》のじん社《じゃ》。
④ 小刀《こがたな》で竹《たけ》を切《き》る。
⑤ 糸《いと》が切《き》れる。
⑥ 校内《こうない》の花《はな》。

8

同じ ぶぶんを もつ かん字②　月　日

かくれた パーツを さがせ 8

名まえ

かくれた パーツを さがして、かんせいさせよう。

① 店《みせ》
② 姉《あね》
③ 妹《いもうと》
④ 線《せん》
⑤ 汽《き》
⑥ 海《うみ》

① 村《むら》の小《ちい》さなお店《みせ》。
② 姉《あね》に本《ほん》をかりる。
③ 妹《いもうと》と手《て》をつなぐ。
④ 線《せん》を百本《ひゃっぽん》ひく。
⑤ 汽車《きしゃ》の音《おと》。
⑥ 海《うみ》の日《ひ》は七月《しちがつ》だ。

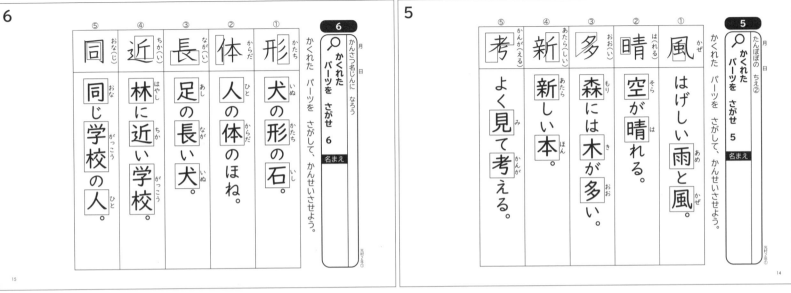

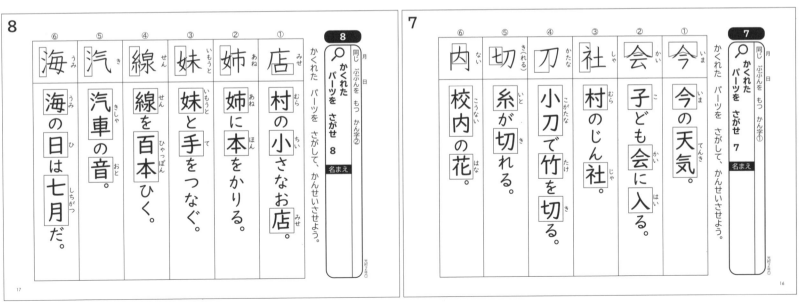

9

月　日

スイミー①

かくれた パーツを さがせ 9

名まえ

かくれた パーツを さがして、かんせいさせよう。

① 魚《さかな》
川《かわ》で魚《さかな》をつる。

② 広《ひろ》(い)
広《ひろ》い田《た》はた。

③ 前《まえ》
前《まえ》の人《ひと》は男《おとこ》の子《こ》。

④ 元《げん》
元気《げんき》な子《こ》ども。

⑤ 岩《いわ》
大《おお》きな岩山《いわやま》。

光村2年①

18

10

月　日

スイミー②／メモを とる とき

かくれた パーツを さがせ 10

名まえ

かくれた パーツを さがして、かんせいさせよう。

① 食《た》(べる)
草《くさ》を食《た》べる虫《むし》。

② 教《おし》(える)
文字《もじ》を教《おし》える。

③ 光《ひか》(る)
月《つき》が空《そら》で光《ひか》る。

④ 家《いえ》
石《いし》の家《いえ》をたてる。

⑤ 池《いけ》
池《いけ》の水《みず》をくむ。

光村2年①

19

11

月　日

こんな もの、見つけたよ

かくれた パーツを さがせ 11

名まえ

かくれた パーツを さがして、かんせいさせよう。

① 組《くみ》
赤組《あかぐみ》と白組《しろぐみ》。

② 後《うし》(ろ)
前《まえ》と後《うし》ろ。

③ 数《かず》
花《はな》びらの数《かず》。

④ 丸《まる》
花丸《はなまる》をもらった。

⑤ 点《てん》
百点《ひゃくてん》でうれしい。

⑥ 買《か》(う)
本《ほん》を買《か》う。

光村2年①

20

12

月　日

あったらいいな、こんなもの～ミリーのすてきなぼうし①

かくれた パーツを さがせ 12

名まえ

かくれた パーツを さがして、かんせいさせよう。

① 引《ひ》(く)
青《あお》い糸《いと》を引《ひ》く。

② 羽《はね》
虫《むし》がとぶ羽《はね》の音《おと》。

③ 雲《くも》
雲《くも》の上《うえ》。

④ 夏《なつ》
学校《がっこう》は夏休《なつやす》みだ。

⑤ 公《こう》
大《おお》きな公園《こうえん》。

⑥ 園《えん》
ようち園《えん》に入《はい》る。

光村2年①

21

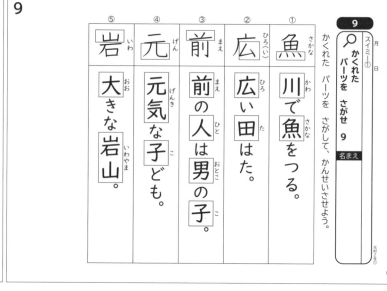

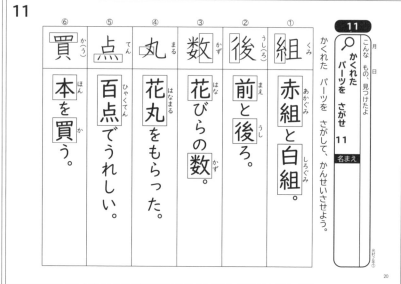

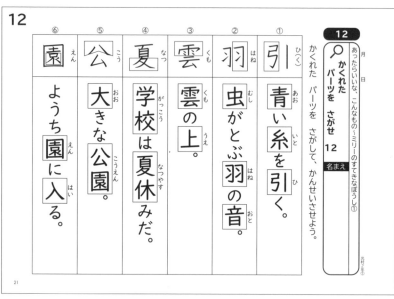

13

13

月　日

お気に入りの本をしょうかいしよう／ミリーのすてきなぼうし②

かくれた パーツを さがせ 13

名まえ

かくれた パーツを さがして、かんせいさせよう。

① 通《とお(る)》　車《くるま》が通《とお》る。

② 万《まん》　一万円《いちまんえん》さつ

③ 頭《あたま》　頭《あたま》の上《うえ》にのせる。

④ 来《く(る)》　空《そら》から来《く》る。

⑤ 鳥《とり》　小鳥《ことり》が空《そら》をとぶ。

⑥ 歌《うた(う)》　校《こう》かを歌《うた》う。

光村2年①

22

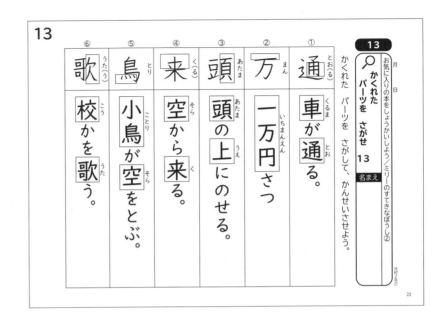

14

14 ＋かん字 たしざん 1
ふきのとう
月　日
名まえ

かん字の たしざんを しよう。

① 言＋士＋冗＝読 → → → 読む
② ⻗＋ヨ＝雪 → → → 雪だるま
③ 士＋尸＝声 → → → わらい声
④ 二＋二＋口＝言 → → → 言う
⑤ 彳＋亍＝行 → → → 行きかた
⑥ 十＋冂＋羊＝南 → → → 南口

＊こたえの かん字で ことばを つくろう。

光村2年②

23

15

15 ＋かん字 たしざん 2
としょ館たんけん／はるが いっぱい
月　日
名まえ

かん字の たしざんを しよう。

① 冂＋㐅＋一＝図 → → → 図書
② ⺕＋土＋日＝書 → → → 書く
③ 亠＋勹＝方 → → → つくり方
④ 糸＋人＋云＝絵 → → → 絵本
⑤ 矢＋口＝知 → → → もの知り
⑥ 三＋人＋日＝春 → → → 春休み

＊こたえの かん字で ことばを つくろう。

光村2年②

24

16

16 ＋かん字 たしざん 3
にっきを 書こう／ともだちは どこかな
月　日
名まえ

かん字の たしざんを しよう。

① 田＋心＝思 → → → 思い出す
② 言＋己＝記 → → → 日記
③ 日＋羽＋隹＝曜 → → → 曜日
④ 冂＋人＋人＝肉 → → → とり肉
⑤ 言＋千＋口＝話 → → → 話す
⑥ 門＋耳＝聞 → → → 聞く

＊こたえの かん字で ことばを つくろう。

光村2年②

25

17

17 ＋かん字 たしざん 4
たんぽぽの ちえ①
月　日
名まえ

かん字の たしざんを しよう。

① 廿＋由＋八＝黄 → → → 黄みどり
② ク＋巴＝色 → → → 青色
③ 里＋灬＝黒 → → → 黒色
④ 大＋丶＝太（別解 犬） → → → 太る
⑤ 彡＋し＝毛 → → → 毛糸
⑥ 亠＋口＋冋＝高 → → → 高い
⑦ 几＋ノ＋虫＝風 → → → そよ風
⑧ 日＋龶＋月＝晴 → → → 晴れ

＊こたえの かん字で ことばを つくろう。

光村2年②

26

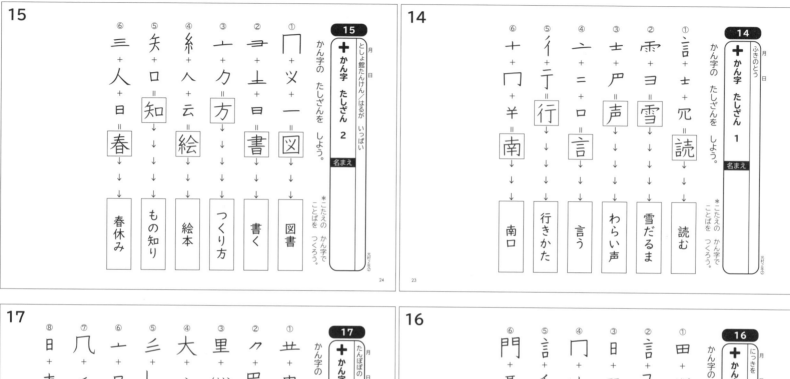

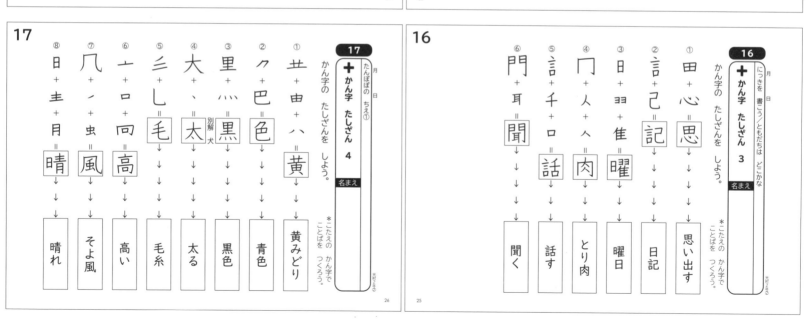

18

18 ＋かん字 たしざん 5

たんぽぽの ちえ②／かんさつ名人に なろう

月　日　名まえ

かん字の たしざんを しよう。

① 夕＋夕＝多 → 多い
② 立＋木＋斤＝新 → 新しい
③ 耂＋ㄎ＝考 → 考える
④ 开＋彡＝形 → まるい形
⑤ 亻＋木＋一＝体 → 人の体
⑥ 𠂉＋一＋以＝長 → 長い
⑦ 斤＋辶＝近 → 近い
⑧ 冂＋一＋口＝同 → 同じ

＊こたえの かん字で ことばを つくろう。

光村2年②

27

19

19 ＋かん字 たしざん 6

同じ ぶぶんを もつ かん字①

月　日　名まえ

かん字の たしざんを しよう。

① 人＋ラ＝今 → 今から
② 人＋二＋ム＝会 → うんどう会
③ ネ＋土＝社 → 会社
④ ㇆＋ノ＝刀（別解 力） → 小刀
⑤ 七＋刀＝切 → 切れる
⑥ 冂＋人＝内 → 校内
⑦ 广＋卜＋口＝店 → 店ばん
⑧ 女＋亠＋巾＝姉 → 姉のくつ

＊こたえの かん字で ことばを つくろう。

光村2年②

28

20

20 ＋かん字 たしざん 7

同じ ぶぶんを もつ かん字②／スイミー①

月　日　名まえ

かん字の たしざんを しよう。

① 女＋未＝妹 → 小さい妹
② 糸＋白＋水＝線 → 線ろ
③ 氵＋𠂉＋⺄＝汽 → 汽車
④ 氵＋𠂉＋毋＝海 → 海の日
⑤ ⺈＋田＋灬＝魚 → 魚つり
⑥ 广＋ム＝広 → 広い
⑦ 䒑＋月＋刂＝前 → 前とうしろ
⑧ 二＋儿＝元 → 元気

＊こたえの かん字で ことばを つくろう。

光村2年②

29

21

21 ＋かん字 たしざん 8

スイミー②／メモを とる とき／こんな もの、見つけたよ①

月　日　名まえ

かん字の たしざんを しよう。

① 山＋石＝岩 → 岩山
② 人＋良＝食 → 食べもの
③ 耂＋子＋攵＝教 → 教える
④ ⺌＋一＋儿＝光 → 光る
⑤ 宀＋豕＋く＝家 → 家の中
⑥ 氵＋也＝池 → ため池
⑦ 糸＋且＝組 → 組み立て
⑧ 彳＋幺＋夂＝後 → 後ろむき

＊こたえの かん字で ことばを つくろう。

光村2年②

30

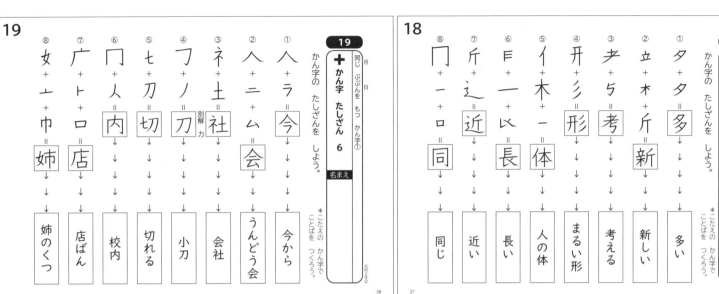

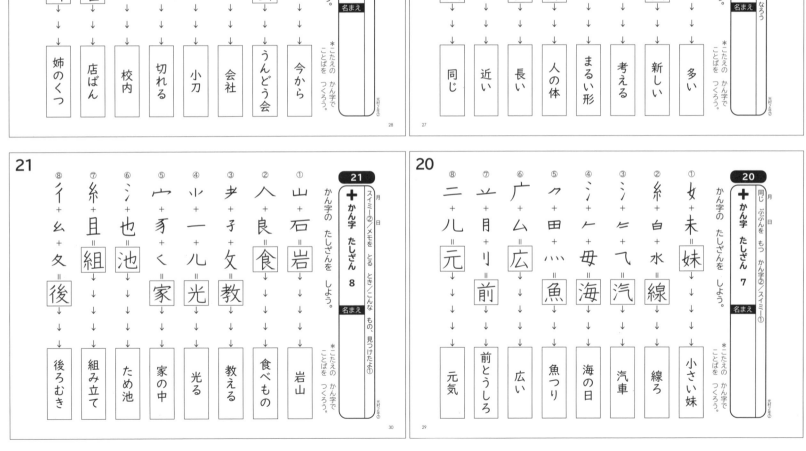

22

22

＋かん字 たしざん 9

こんな もの、見つけたよ②〜なつがいっぱい

月 日

名まえ

かん字の たしざんを しよう。

＊こたえの かん字で ことばを つくろう。

① 米＋女＋攵＝数 → 大きい数
② 九＋丶＝丸 → 花丸
③ ト＋口＋灬＝点 → 百点
④ 罒＋目＋八＝買 → 買いもの
⑤ 弓＋｜＝引 → つな引き
⑥ 习＋习＝羽 → 羽ぶとん
⑦ ⻗＋二＋ム＝雲 → 白い雲
⑧ 一＋自＋夂＝夏 → 夏休み

光村2年②

31

23

23

＋かん字 たしざん 10

お気に入りの本をしょうかいしよう／ミリーのすてきなぼうし

月 日

名まえ

かん字の たしざんを しよう。

＊こたえの かん字で ことばを つくろう。

① 八＋ム＝公 → 公園
② 冂＋袁＋一＝園 → ようち園
③ マ＋用＋辶＝通 → 大通り
④ 一＋勹＝万 → 一万円
⑤ 豆＋丆＋貝＝頭 → 石頭
⑥ 一＋半＋八＝来 → 来る
⑦ 自＋フ＋灬＝鳥 → 小鳥
⑧ 可＋可＋欠＝歌 → 歌声

光村2年②

32

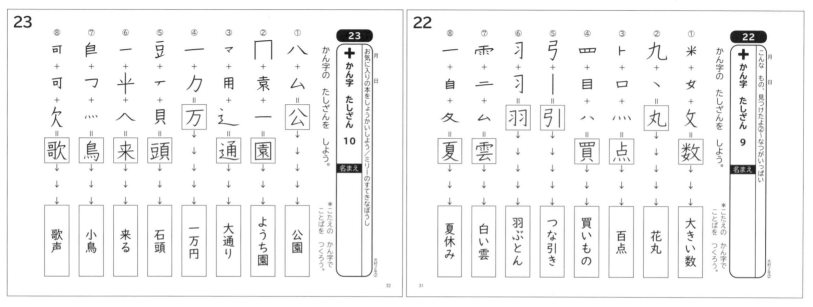

24

24 ふきのとう　月　日

たりないのは どこ（かたちを よく見て）1　名まえ

たりない ところを 見つけて、正しく かこう。

① 読《よ》む → 読む
② 雪《ゆき》だるま → 雪だるま
③ わらい声《ごえ》 → わらい声
④ 言《い》う → 言う
⑤ 行《い》きかた → 行きかた
⑥ 南《みなみ》口《ぐち》 → 南口

光村2年①

33

25

25 としょ館たんけん／はるが いっぱい　月　日

たりないのは どこ（かたちを よく見て）2　名まえ

たりない ところを 見つけて、正しく かこう。

① 図《と》書《しょ》 → 図書
② 書《か》く → 書く
③ つくり方《かた》 → つくり方
④ 絵《え》本《ほん》 → 絵本
⑤ もの知《し》り → もの知り
⑥ 春《はる》休《やす》み → 春休み

光村2年①

34

26

26 にっきを 書こう／ともだちは どこかな　月　日

たりないのは どこ（かたちを よく見て）3　名まえ

たりない ところを 見つけて、正しく かこう。

① 思《おも》い出《だ》す → 思い出す
② 日《にっ》記《き》 → 日記
③ 曜《よう》日《び》 → 曜日
④ とり肉《にく》 → とり肉
⑤ 話《はな》す → 話す
⑥ 聞《き》く → 聞く

光村2年①

35

27

27 たんぽぽの ちえ①　月　日

たりないのは どこ（かたちを よく見て）4　名まえ

たりない ところを 見つけて、正しく かこう。

① 黄《き》みどり → 黄みどり
② 青《あお》色《いろ》 → 青色
③ 黒《くろ》色《いろ》 → 黒色
④ 太《ふと》る → 太る
⑤ 毛《け》糸《いと》 → 毛糸
⑥ 高《たか》い → 高い

光村2年①

36

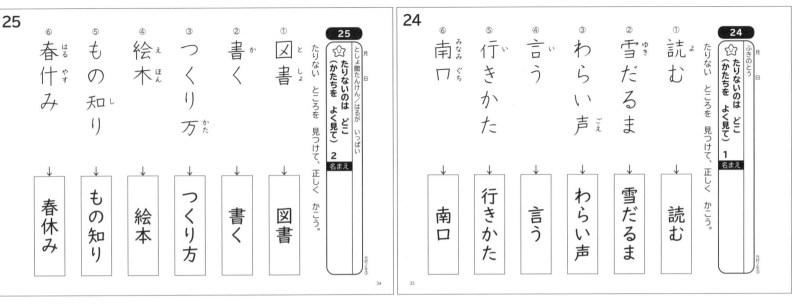

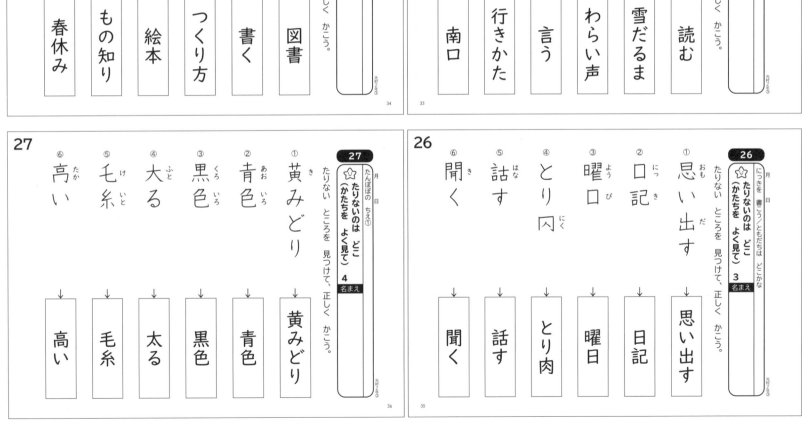

28

28 たんぽぽの ちえ② 月 日

☆ たりないのは どこ (かたちを よく見て) 5 名まえ

たりない ところを 見つけて、正しく かこう。

① そよ風《かぜ》 → そよ風
② 晴《は》れ → 晴れ
③ 多《おお》い → 多い
④ 新《あたら》しい → 新しい
⑤ 考《かんが》える → 考える

光村2年③

37

29

29 かんさつ名人に なろう 月 日

☆ たりないのは どこ (かたちを よく見て) 6 名まえ

たりない ところを 見つけて、正しく かこう。

① まるい形《かたち》 → まるい形
② ノ《ひと》の体《からだ》 → 人の体
③ 長《なが》い → 長い
④ 近《ちか》い → 近い
⑤ 同《おな》じ → 同じ

光村2年③

38

30

30 同じ ぶぶんを もつ かん字① 月 日

☆ たりないのは どこ (かたちを よく見て) 7 名まえ

たりない ところを 見つけて、正しく かこう。

① 今《いま》から → 今から
② うんどう会《かい》 → うんどう会
③ 会《かい》社《しゃ》 → 会社
④ ハ《こ》フ《がたな》 → 小刀
⑤ 切《き》れる → 切れる
⑥ 校《こう》内《ない》 → 校内

光村2年③

39

31

31 同じ ぶぶんを もつ かん字② 月 日

☆ たりないのは どこ (かたちを よく見て) 8 名まえ

たりない ところを 見つけて、正しく かこう。

① 店《みせ》ばん → 店ばん
② 姉《あね》のくつ → 姉のくつ
③ ハ《ちい》さい妹《いもうと》 → 小さい妹
④ 線《せん》ろ → 線ろ
⑤ 汽《き》車《しゃ》 → 汽車
⑥ 海《うみ》の口《ひ》 → 海の日

光村2年③

40

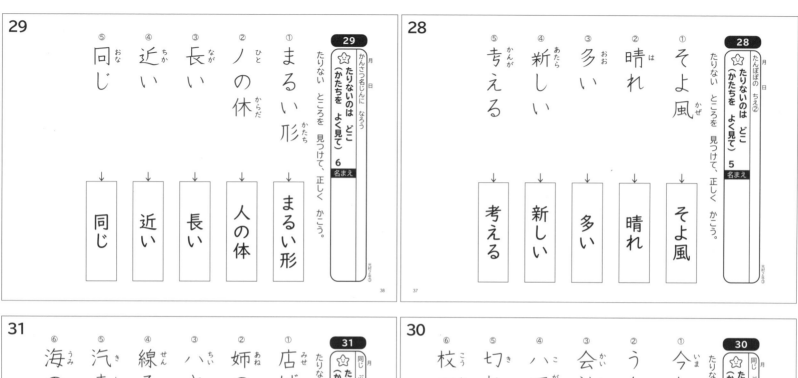

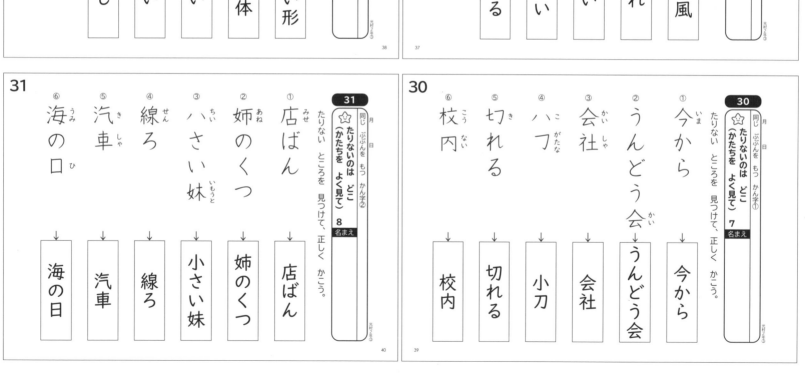

32

32
月　日
スイミー①
たりないのは　どこ（かたちを　よく見て）
9
名まえ

たりない　ところを　見つけて、正しく　かこう。

① 魚《さかな》つり → 魚つり
② 広《ひろ》い → 広い
③ 前《まえ》とうしろ → 前とうしろ
④ 元《げん》気《き》 → 元気
⑤ 岩《いわ》山《やま》 → 岩山

光村2年③
41

33

33
月　日
スイミー②／メモを　とる　とき
たりないのは　どこ（かたちを　よく見て）
10
名まえ

たりない　ところを　見つけて、正しく　かこう。

① 食《た》べもの → 食べもの
② 教《おし》える → 教える
③ 光《ひか》る → 光る
④ 家《いえ》の口《なか》 → 家の中
⑤ ため池《いけ》 → ため池

光村2年③
42

34

34
月　日
こんな　もの、見つけたよ
たりないのは　どこ（かたちを　よく見て）
11
名まえ

たりない　ところを　見つけて、正しく　かこう。

① 組《く》み立《た》て → 組み立て
② 後《うし》ろむき → 後ろむき
③ 人《おお》きい数《かず》 → 大きい数
④ 花《はな》丸《まる》 → 花丸
⑤ 百《ひゃく》点《てん》 → 百点
⑥ 買《か》いもの → 買いもの

光村2年③
43

35

35
月　日
あったらいいな、こんなもの～ミリーのすてきなぼうし①
たりないのは　どこ（かたちを　よく見て）
12
名まえ

たりない　ところを　見つけて、正しく　かこう。

① つな引《ひ》き → つな引き
② 羽《はね》ぶとん → 羽ぶとん
③ 日《しろ》い雲《くも》 → 白い雲
④ 夏《なつ》什《やす》み → 夏休み
⑤ 公《こう》園《えん》 → 公園
⑥ ようち園《えん》 → ようち園

光村2年③
44

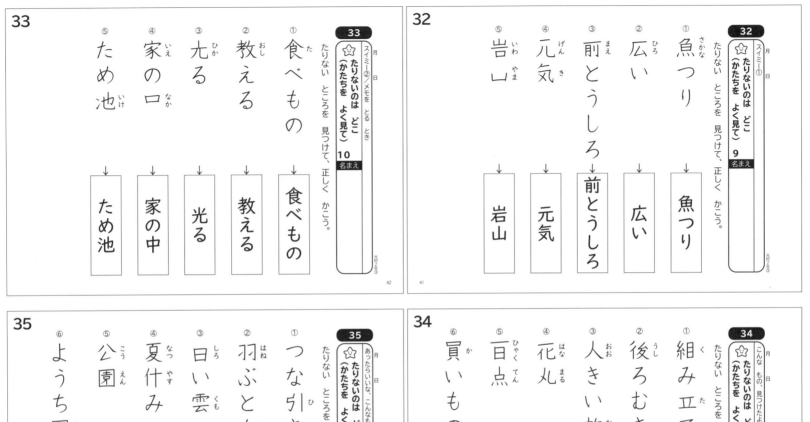

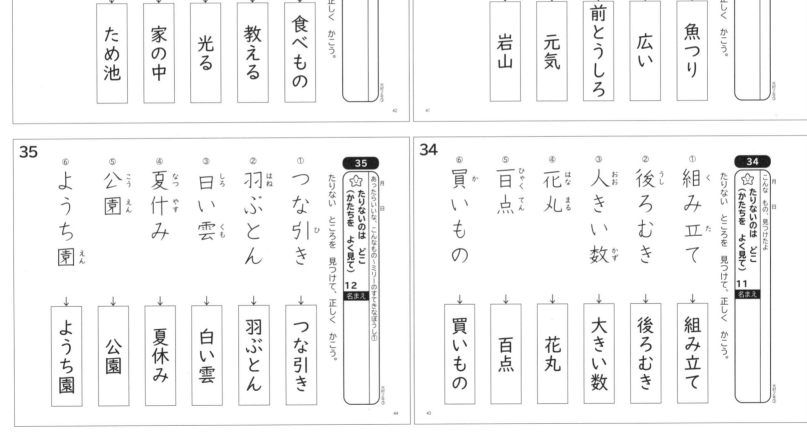

36

36

お気に入りの本をしょうかいしよう／ミリーのすてきなぼうし②

月　日

たりないのは　どこ
（かたちを　よく見て）

13

名まえ

光村2年③

たりない　ところを　見つけて、正しく　かこう。

① 人《おお》通《どお》り → 大通り

② 一《いち》万《まん》円《えん》 → 一万円

③ 石《いし》頭《あたま》 → 石頭

④ 来《く》る → 来る

⑤ ハ《こ》鳥《とり》 → 小鳥

⑥ 歌《うた》声《ごえ》 → 歌声

45

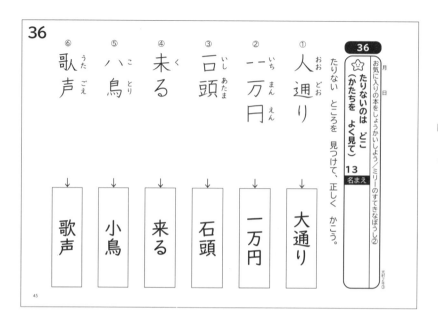

37

月　日

ふきのとう

かん字を　入れよう　1

名まえ

文を　よんで、ぴったりの　かん字を　入れよう。

①「ふきのとう」のおはなしを音読しました。

②あさおきると、まっ白な雪がつもっていた。

③学校の校かを、大きな声でうたいましょう。

④大きなこえで「おはよう」と言いましょう。

⑤おかあさんと、かいものに行きました。

⑥このへやは、南むきで、とてもあかるい。

ヒント　声　行　雪　読　南　言

光村2年④

38

月　日

としょ館たんけん／はるが　いっぱい

かん字を　入れよう　2

名まえ

文を　よんで、ぴったりの　かん字を　入れよう。

①かりた本を図しょかんにかえす。

②えんぴつで、ていねいに字を書いた。

③かぶとのおり方を、おしえてもらった。

④えんそくのおもいでの絵をかいた。

⑤ぼくは、なにも知りません。

⑥きせつが春になると、さくらの花がさく。

ヒント　絵　春　知　方　書　図

光村2年④

39

月　日

日記を　書こう／ともだちは　どこかな

かん字を　入れよう　3

名まえ

文を　よんで、ぴったりの　かん字を　入れよう。

①えんそくは、たのしい思い出がいっぱいだ。

②ともだちとあそんだことを、日記に書く。

③いつも、水曜日は、スイミングに行きます。

④かぞくで、やき肉パーティーをしました。

⑤おばあちゃんと、でんわで話しました。

⑥とりが、「ピヨピヨ」となくのを聞いた。

ヒント　曜　話　肉　思　記　聞

光村2年④

40

月　日

たんぽぽの　ちえ①

かん字を　入れよう　4

名まえ

文を　よんで、ぴったりの　かん字を　入れよう。

①みちばたに黄いろいタンポポがさいている。

②かいた絵に、クレヨンで色をぬりました。

③たこやいかは、まっ黒な、すみをはく。

④おとうさんのうでは太くて、力もちだ。

⑤女の子が、ながいかみの毛をむすんでいる。

⑥キリンは、くびがながくて、せが高い。

⑦つよい風がふいて、ぼうしをとばされた。

ヒント　風　色　黄　太　黒　毛　高

光村2年④

41

41

月　日

たんぽぽの　ちえ②／かんさつ名人に　なろう①

かん字を　入れよう　5

名まえ

光村2年④

文を　よんで、ぴったりの　かん字を　入れよう。

①あしたの天気は、きっと晴れるでしょう。

②休みの日のこうえんは、人が多い。

③二年生になって、新しいともだちができた。

④なにを書くか、よく考えましょう。

⑤ねん土を、まるい形にととのえる。

⑥うんどうをして、体をきたえる。

⑦ぞうのはなは長くて、べんりだ。

ヒント　体　形　考　晴　多　新　長

50

42

42

月　日

かんさつ名人に　なろう②／おなじ　ぶぶんを　もつ　かん字①

かん字を　入れよう　6

名まえ

光村2年④

文を　よんで、ぴったりの　かん字を　入れよう。

①わたしのいえの近くに、こうえんがある。

②ともだちと同じクラスになって、うれしい。

③空がくらくて、今にも雨がふりそうだ。

④うんどう会で、つなひきをしました。

⑤おとうさんは、かい社でしごとをしている。

⑥おさむらいさんが、こしに刀をさしている。

⑦このはさみは、とてもよく切れる。

ヒント　会　近　今　切　同　刀　社

51

43

43

月　日

同じ　ぶぶんを　もつ　かん字②

かん字を　入れよう　7

名まえ

光村2年④

文を　よんで、ぴったりの　かん字を　入れよう。

①一年生と、校内のたんけんをした。

②おかしのお店で、えんそくのおやつをかった。

③わたしと四年生の姉は、女どうしで気があう。

④ぼくの下には、おとうとと妹がいる。

⑤かみにまっすぐな線をひきました。

⑥けむりをはきながら、汽車がはしっている。

⑦なつ休みに、海でおよぎました。

ヒント　海　内　店　妹　汽　姉　線

52

44

44

月　日

スイミー①

かん字を　入れよう　8

名まえ

光村2年④

文を　よんで、ぴったりの　かん字を　入れよう。

①おとうさんと魚つりに行きました。

②このスーパーは、広くてしなものが多い。

③いちばん前から、うしろにまわしてください。

④晴れた日は、そとで元気にあそびましょう。

⑤山の上から大きな岩がおちてきた。

⑥きゅうしょくは、まい日のこさずに食べる。

⑦わからないことは、先生が教えてくれる。

ヒント　教　前　食　元　魚　広　岩

53

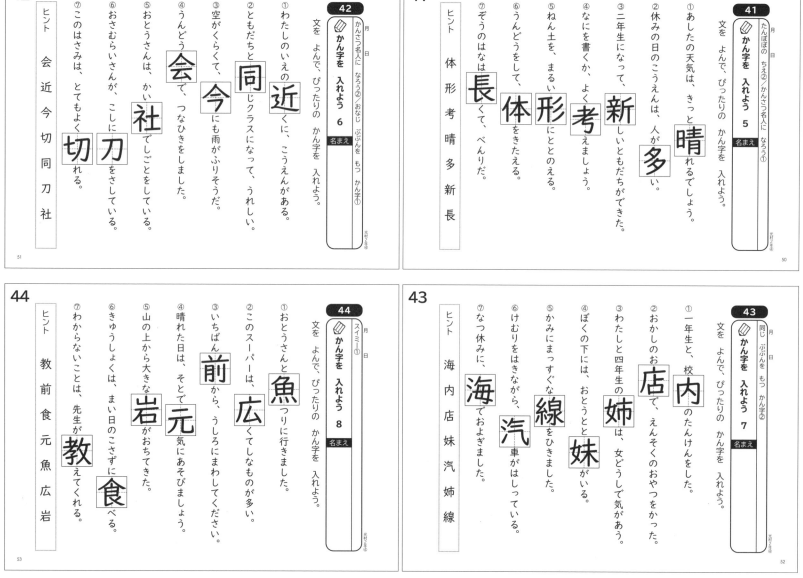

45

45
月　日
かん字を　入れよう　9
スイミー②／メモを　とる　とき／こんな　もの、見つけたよ①
名まえ
光村2年④

文を　よんで、ぴったりの　かん字を　入れよう。

① 車のライトが、まぶしく光っている。
② 学校がおわって、家にかえりました。
③ まるい池のまん中で、魚がはねた。
④ おとうとと、おもちゃの車を組み立てる。
⑤ 足音がしたので、後ろをふりむいた。
⑥ おさらのイチゴの数をかぞえる。
⑦ きれいに書いたので、花丸をつけてもらった。

ヒント　後　家　組　数　池　丸　光

54

46

46
月　日
かん字を　入れよう　10
こんな　もの、見つけたよ②～ミリーのすてきなぼうし①
名まえ
光村2年④

文を　よんで、ぴったりの　かん字を　入れよう。

① かん字テストで百点まんてんをとった。
② おかあさんと、スーパーへ買いものに行った。
③ うんどうじょうに、白い線を引いた。
④ くじゃくが、きれいな羽を広げている。
⑤ 青い空に、白い雲がうかんでいる。
⑥ 八月は、夏休みでお休みです。
⑦ 家の近くの公園で、おにごっこをした。

ヒント　雲　夏　買　引　公　点　羽

55

47

47
月　日
かん字を　入れよう　11
お気に入りの本をしょうかいしよう／ミリーのすてきなぼうし②
名まえ
光村2年④

文を　よんで、ぴったりの　かん字を　入れよう。

① どうぶつ園で、くびの長いキリンを見た。
② ようちえんのよこを通って学校に行く。
③ 一万円さつを出して、おつりをもらった。
④ てつぼうにぶつかって、頭にこぶができた。
⑤ 三十ぷんまって、やっとバスが来ました。
⑥ 木の上で、鳥が「ピーピー」とないている。
⑦ 音がくしつから、きれいな歌声が聞こえる。

ヒント　通　園　来　鳥　歌　万　頭

56

48

48 月　日　ことばでみちあんない／かいたら、見なおそう

かくれた パーツを さがせ 14

名まえ

かくれた パーツを さがして、かんせいさせよう。

① 分《わ(かる)》 名前《なまえ》が分《わ》かる。

② 回《かい》 字《じ》を五回《ごかい》書《か》く。

③ 直《なお(す)》 糸車《いとぐるま》を直《なお》す。

④ 紙《かみ》 お手紙《てがみ》をおくる。

⑤ 遠《えん》 遠足《えんそく》に行《い》く。

⑥ 友《とも》 友《とも》だち百《ひゃく》にん。

光村2年①

49

49 月　日　どうぶつ園のじゅうい①

かくれた パーツを さがせ 15

名まえ

かくれた パーツを さがして、かんせいさせよう。

① 朝《あさ》 朝《あさ》の天気《てんき》。

② 顔《かお》 顔《かお》を見《み》せる。

③ 毎《まい》 毎日《まいにち》の空《そら》。

④ 当《あ(たる)》 雨《あめ》が当《あ》たる。

⑤ 間《あいだ》 一年《いちねん》の間《あいだ》。

⑥ 昼《ひる》 昼《ひる》から雨《あめ》がふる。

光村2年①

50

50 月　日　どうぶつ園のじゅうい②／ことばあそびをしよう

かくれた パーツを さがせ 16

名まえ

かくれた パーツを さがして、かんせいさせよう。

① 半《はん》 けがで半月《はんつき》休《やす》む。

② 電《でん》 電車《でんしゃ》にのる人《ひと》。

③ 外《そと》 外《そと》に出《で》かける。

④ 楽《たの(しい)》 学校《がっこう》は楽《たの》しい。

⑤ 親《した(しい)》 親《した》しい友《とも》だち。

光村2年①

51

51 月　日　なかまのことばとかん字①

かくれた パーツを さがせ 17

名まえ

かくれた パーツを さがして、かんせいさせよう。

① 父《ちち》 父《ちち》の車《くるま》にのる。

② 母《はは》 母《はは》と山《やま》にのぼる。

③ 兄《あに》 兄《あに》は足《あし》がはやい。

④ 弟《おとうと》 弟《おとうと》が虫《むし》をかう。

⑤ 午《ご》 正午《しょうご》まで休《やす》む。

⑥ 夜《よる》 昼《ひる》と夜《よる》。

光村2年①

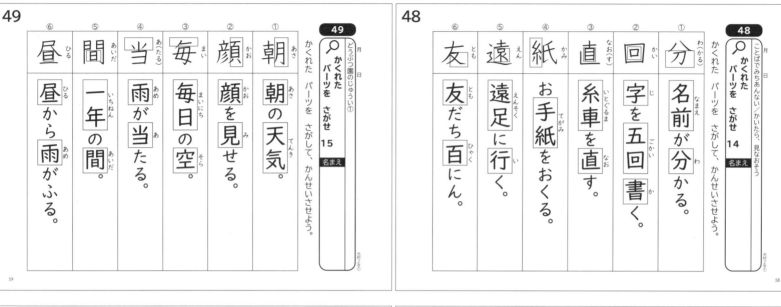

52

なかまのことばとかん字②　月　日

52 かくれた パーツを さがせ 18　名まえ

かくれた パーツを さがして、かんせいさせよう。

① 科《か》　科学《かがく》の本《ほん》。
② 国《こく》　国語《こくご》のノート。
③ 語《ご》　日本語《にほんご》の本《ほん》。
④ 算《さん》　お金《かね》のけい算《さん》。
⑤ 活《かつ》　人《ひと》の生活《せいかつ》。
⑥ 工《こう》　車《くるま》の工《こう》じょう。

光村2年①

62

53

お手紙／主語と述語に 気をつけよう①　月　日

53 かくれた パーツを さがせ 19　名まえ

かくれた パーツを さがして、かんせいさせよう。

① 自《じ》　花《はな》が自《じ》まんの村《むら》。
② 時《じ》　三時《さんじ》のおやつ。
③ 帰《かえ(る)》　学校《がっこう》から帰《かえ》る。
④ 何《なに》　何《なに》が出《で》るかな。
⑤ 合《あ(う)》　目《め》と目《め》が合《あ》う。
⑥ 里《さと》　山里《やまざと》の小《こ》や。

光村2年①

63

54

主語と述語に 気をつけよう②　月　日

54 かくれた パーツを さがせ 20　名まえ

かくれた パーツを さがして、かんせいさせよう。

① 週《しゅう》　先週《せんしゅう》の金曜日《きんようび》。
② 番《ばん》　山《やま》の一番上《いちばんうえ》。
③ 画《が》　犬《いぬ》が出《で》るえい画《が》。
④ 用《よう》　学校《がっこう》の用《よう》い。
⑤ 角《かく》　四角《しかく》と三角《さんかく》。
⑥ 交《こう》　男《おとこ》と女《おんな》が交《こう》たい。

光村2年①

64

55

主語と述語に 気をつけよう③／かん字の読み方①　月　日

55 かくれた パーツを さがせ 21　名まえ

かくれた パーツを さがして、かんせいさせよう。

① 明《あか(るい)》　空《そら》が明《あか》るい。
② 星《ほし》　星《ほし》のきれいな空《そら》。
③ 東《とう》　東《とう》ようの人《ひと》たち。
④ 京《きょう》　七月《しちがつ》に上京《じょうきょう》する。
⑤ 古《ふる(い)》　古《ふる》い学校《がっこう》。
⑥ 寺《てら》　山寺《やまでら》にすむ。

光村2年①

65

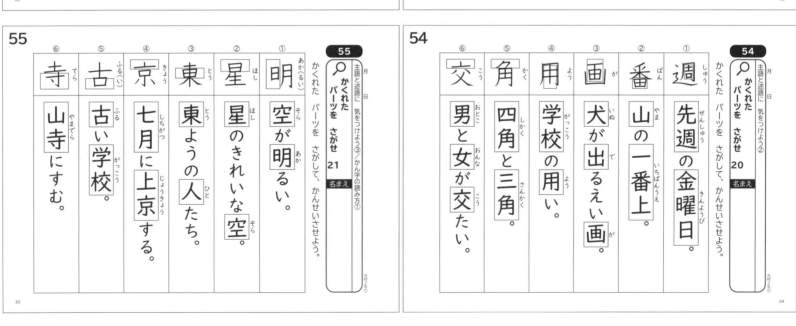

56

月　日

かん字の読み方②

かくれた パーツを さがせ 22

名まえ

かくれた パーツを さがして、かんせいさせよう。

① 西《にし》　西《にし》の空《そら》が赤《あか》い。
② 止《と(まる)》　立《た》ち止《ど》まる。
③ 道《みち》　道草《みちくさ》をする。
④ 野《の》　野山《のやま》の草《くさ》。
⑤ 原《はら》　大《おお》きな原《はら》っぱ。
⑥ 台《だい》　土台《どだい》の上《うえ》。

光村2年①

57

月　日

かん字の読み方③〜おもちゃのつくり方をせつめいしよう①

かくれた パーツを さがせ 23

名まえ

かくれた パーツを さがして、かんせいさせよう。

① 船《ふね》　船《ふね》で川《かわ》をわたる。
② 米《こめ》　白《しろ》いお米《こめ》。
③ 秋《あき》　すんだ秋《あき》の空《そら》。
④ 作《つく(る)》　車《くるま》を作《つく》る。
⑤ 理《り》　休《やす》んだ理《り》ゆう。
⑥ 少《すこ(し)》　雨《あめ》が少《すこ》しふる。

光村2年①

58

月　日

紙コップ花火の作り方／おもちゃの作り方…②〜ふゆがいっぱい

かくれた パーツを さがせ 24

名まえ

かくれた パーツを さがして、かんせいさせよう。

① 谷《たに》　谷川《たにがわ》の水《みず》。
② 細《ほそ(い)》　細《ほそ》い竹《たけ》のぼう。
③ 首《くび》　手首《てくび》をつかむ。
④ 鳴《な(く)》　虫《むし》が鳴《な》く。
⑤ 心《こころ》　犬《いぬ》の心《こころ》がわかる。
⑥ 冬《ふゆ》　冬休《ふゆやす》みになる。

光村2年①

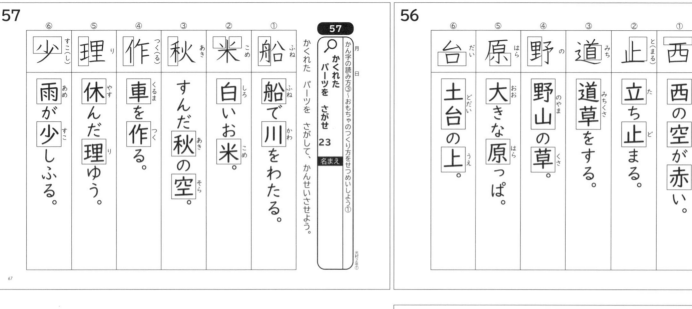

59

月　日

ことばでみちあんない／書いたら、見なおそう／どうぶつ園のじゅうい①

かん字 たしざん 11

名まえ

かん字の たしざんを しよう。

① 八＋刀＝分 → 分かる
② 冂＋口＋一＝回 → 一回
③ 十＋目＋乚＝直 → 直す
④ 糸＋氏＝紙 → 手紙
⑤ 吉＋𧘇＋辶＝遠 → 遠足
⑥ ナ＋又＝友 → 友だち
⑦ 十＋早＋月＝朝 → 朝日
⑧ 彦＋丆＋貝＝顔 → 知らん顔

＊こたえの かん字で ことばを つくろう。

光村2年②

69

60

月　日

どうぶつ園のじゅうい②

かん字 たしざん 12

名まえ

かん字の たしざんを しよう。

① 𠂉＋毋＋一＝毎 → 毎日
② ⺌＋ヨ＝当 → 当たりくじ
③ 門＋日＝間 → この間
④ 尺＋日＋一＝昼 → 昼休み
⑤ 丷＋二＋｜＝半 → 半分
⑥ ⻗＋日＋乚＝電 → 電車
⑦ タ＋卜＝外 → 外がわ

＊こたえの かん字で ことばを つくろう。

光村2年②

70

61

月　日

ことばあそびをしよう／なかまのことばとかん字①

かん字 たしざん 13

名まえ

かん字の たしざんを しよう。

① 白＋⺍＋木＝楽 → 楽しい
② 立＋木＋見＝親 → 親しむ
③ ハ＋乂＝父 → 父の日
④ 𠃌＋：＋一＝母 → 母の日
⑤ 口＋儿＝兄 → 兄のへや
⑥ 丷＋弓＋丿＝弟 → 弟の本
⑦ 𠂉＋十＝午（別解 牛） → 午後

＊こたえの かん字で ことばを つくろう。

光村2年②

71

62

月　日

なかまのことばとかん字②

かん字 たしざん 14

名まえ

かん字の たしざんを しよう。

① 亠＋亻＋夂＝夜 → 夜ごはん
② 禾＋斗＝科 → 科学
③ 冂＋玉＋一＝国 → 国語
④ 言＋五＋口＝語 → えい語
⑤ ⺮＋目＋廾＝算 → 算数
⑥ 氵＋千＋口＝活 → 生活
⑦ 一＋｜＋一＝工（別解 土） → 工さく

＊こたえの かん字で ことばを つくろう。

光村2年②

72

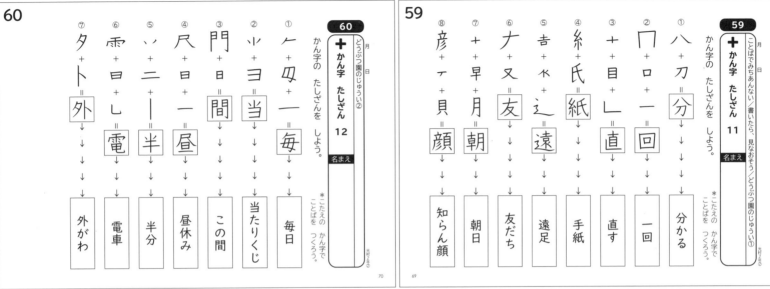

63

63 月 日

お手紙／主語と述語に 気をつけよう①

＋かん字 たしざん 15

名まえ

かん字の たしざんを しよう。

① 丿＋冂＋三＝自 → 自てん車
② 日＋土＋寸＝時 → 三時
③ リ＋ヨ＋帀＝帰 → 帰る
④ 亻＋一＋可＝何 → 何か
⑤ 人＋一＋口＝合 → 合う
⑥ 日＋土＝里 → 里いも
⑦ 冂＋吉＋辶＝週 → 先週

＊こたえの かん字で ことばを つくろう。

光村2年②

73

64

64 月 日

主語と述語に 気をつけよう②

＋かん字 たしざん 16

名まえ

かん字の たしざんを しよう。

① ノ＋米＋田＝番 → るす番
② 一＋由＋凵＝画 → えい画
③ 月＋｜＝用 → 子ども用
④ ク＋用＝角 → 四角
⑤ 亠＋父＝交 → 交番
⑥ 日＋月＝明 → 明るい
⑦ 日＋生＝星 → 星空

＊こたえの かん字で ことばを つくろう。

光村2年②

74

65

65 月 日

かん字の読み方①

＋かん字 たしざん 17

名まえ

かん字の たしざんを しよう。

① 一＋日＋木＝東 → 東京
② 亠＋口＋小＝京 → 京と
③ 十＋口＝古 → 古い本
④ 土＋寸＝寺 → 山寺
⑤ 冂＋儿＋一＝西 → 西日
⑥ 卜＋一＝止 → 立ち止まる
⑦ 首＋辶＝道 → まわり道
⑧ 里＋マ＋了＝野 → 野山

＊こたえの かん字で ことばを つくろう。

光村2年②

75

66

66 月 日

かん字の読み方②／あきがいっぱい／そうだんにのってください

＋かん字 たしざん 18

名まえ

かん字の たしざんを しよう。

① 厂＋白＋小＝原 → 原っぱ
② ム＋口＝台 → すべり台
③ 舟＋八＋口＝船 → 大きな船
④ 丷＋十＋八＝米 → 米だわら
⑤ 禾＋火＝秋 → 秋空
⑥ 亻＋乍＝作 → 作る
⑦ 王＋日＋土＝理 → 理科

＊こたえの かん字で ことばを つくろう。

光村2年②

76

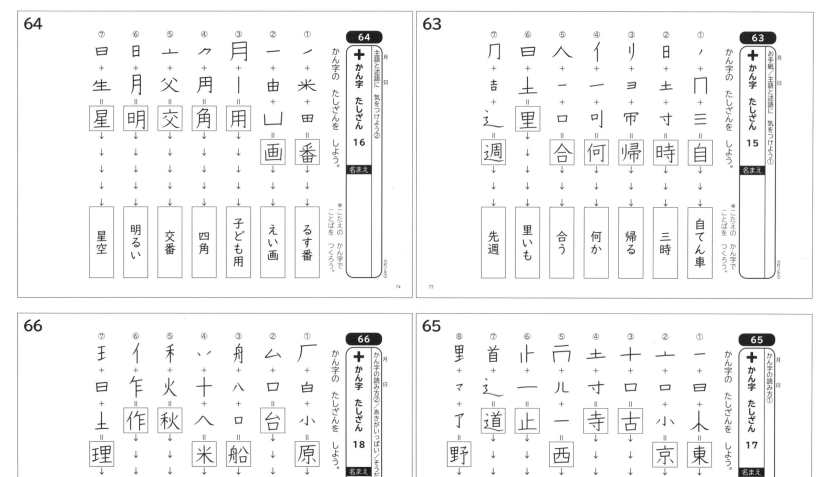

2学期の答え

67

67

67

月　日

紙コップ花火の作り方～ふゆがいっぱい

かん字 たしざん 19

名まえ

かん字の　たしざんを　しよう。

① 小＋ノ＝少 → 少し

② ハ＋人＋口＝谷 → 谷川

③ 糸＋田＝細 → 細い

④ 䒑＋自＝首 → 手首

⑤ 口＋自＋灬＝鳴 → 鳴く

⑥ 乚＋い＝心 → 心のこり

⑦ 夂＋ミ＝冬 → 冬休み

＊こたえの　かん字で　ことばを　つくろう。

光村2年②

77

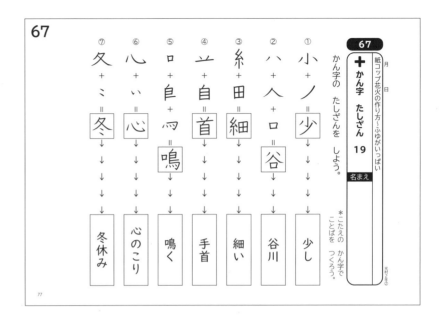

68

68 月 日 ことばでみちあんない／書いたら、見なおそう

☆たりないのは どこ（かたちを よく見て）14 名まえ

たりない ところを 見つけて、正しく かこう。

① 分《わ》かる → 分かる
② 一《いっ》回《かい》 → 一回
③ 直《なお》す → 直す
④ 手《て》紙《がみ》 → 手紙
⑤ 遠《えん》足《そく》 → 遠足
⑥ 友《とも》だち → 友だち

光村2年③

78

69

69 月 日 どうぶつ園のじゅうい①

☆たりないのは どこ（かたちを よく見て）15 名まえ

たりない ところを 見つけて、正しく かこう。

① 朝《あさ》日《ひ》 → 朝日
② 知《し》らん顔《かお》 → 知らん顔
③ 毎《まい》日《にち》 → 毎日
④ 当《あ》たりくじ → 当たりくじ
⑤ この間《あいだ》 → この間
⑥ 昼《ひる》休《やす》み → 昼休み

光村2年③

79

70

70 月 日 どうぶつ園のじゅうい②／ことばあそびをしよう

☆たりないのは どこ（かたちを よく見て）16 名まえ

たりない ところを 見つけて、正しく かこう。

① 半《はん》分《ぶん》 → 半分
② 電《でん》車《しゃ》 → 電車
③ 外《そと》がわ → 外がわ
④ 楽《たの》しい → 楽しい
⑤ 親《した》しむ → 親しむ

光村2年③

80

71

71 月 日 なかまのことばとかん字①

☆たりないのは どこ（かたちを よく見て）17 名まえ

たりない ところを 見つけて、正しく かこう。

① 父《ちち》の日《ひ》 → 父の日
② 母《はは》の日《ひ》 → 母の日
③ 兄《あに》のへや → 兄のへや
④ 弟《おとうと》の本《ほん》 → 弟の本
⑤ 午《ご》後《ご》 → 午後
⑥ 夜《よる》ごはん → 夜ごはん

光村2年③

81

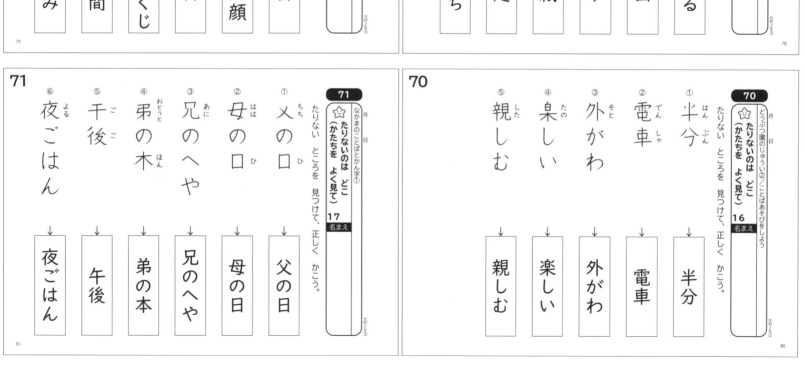

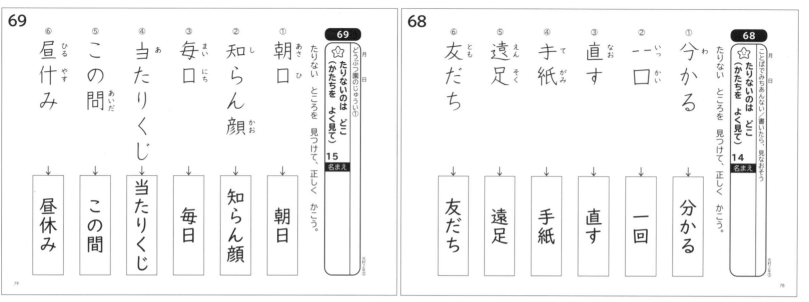

2学期の答え　72～75

72

72　なかまのことばとかん字②　月　日

たりないのは どこ（かたちを よく見て）　18　名まえ

たりない ところを 見つけて、正しく かこう。

① 科《か》字《がく》 → 科学
② 国《こく》語《ご》 → 国語
③ えい語《ご》 → えい語
④ 算《さん》数《すう》 → 算数
⑤ 主《せい》活《かつ》 → 生活
⑥ 二《こう》さく → 工さく

光村2年③

73

73　お手紙／主語と述語に 気をつけよう①　月　日

たりないのは どこ（かたちを よく見て）　19　名まえ

たりない ところを 見つけて、正しく かこう。

① 目《じ》てん車《しゃ》 → 自てん車
② 二《さん》時《じ》 → 三時
③ 帰《かえ》る → 帰る
④ 仃《なに》か → 何か
⑤ 合《あ》う → 合う
⑥ 里《さと》いも → 里いも

光村2年③

74

74　主語と述語に 気をつけよう②　月　日

たりないのは どこ（かたちを よく見て）　20　名まえ

たりない ところを 見つけて、正しく かこう。

① 先《せん》週《しゅう》 → 先週
② るす番《ばん》 → るす番
③ えい画《が》 → えい画
④ す《こ》ども月《よう》 → 子ども用
⑤ 四《し》角《かく》 → 四角
⑥ 文《こう》番《ばん》 → 交番

光村2年③

75

75　主語と述語に 気をつけよう③／かん字の読み方①　月　日

たりないのは どこ（かたちを よく見て）　21　名まえ

たりない ところを 見つけて、正しく かこう。

① 明《あか》るい → 明るい
② 星《ほし》空《ぞら》 → 星空
③ 東《とう》京《きょう》 → 東京
④ 京《きょう》と → 京と
⑤ 古《ふる》い本《ほん》 → 古い本
⑥ 山《やま》寺《でら》 → 山寺

光村2年③

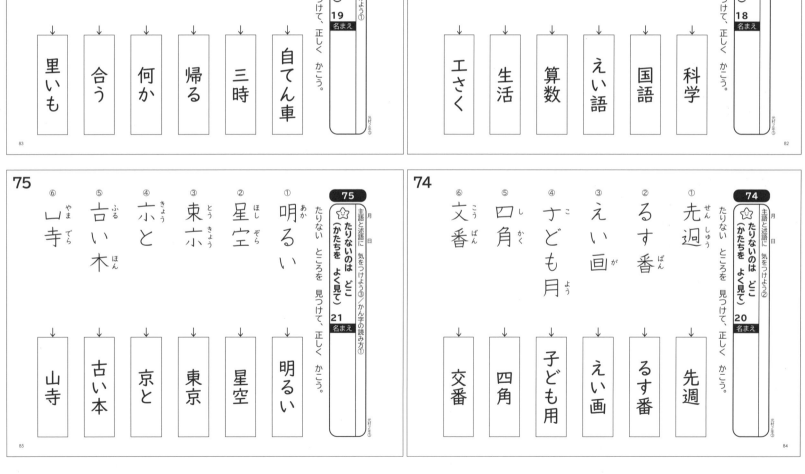

2学期の答え

76～78

76

76 月 日

かん字の読み方②

たりないのは どこ（かたちを よく見て）

22 名まえ

たりない ところを 見つけて、正しく かこう。

① 西《にし》日《び》 → 西日

② 立《た》ち止《ど》まる → 立ち止まる

③ まわり道《みち》 → まわり道

④ 野《の》山《やま》 → 野山

⑤ 原《はら》っぱ → 原っぱ

⑥ すべり台《だい》 → すべり台

光村2年③

86

77

77 月 日

かん字の読み方③～おもちゃのつくり方をせつめいしよう①

たりないのは どこ（かたちを よく見て）

23 名まえ

たりない ところを 見つけて、正しく かこう。

① 大《おお》きな船《ふね》 → 大きな船

② 米《こめ》だわら → 米だわら

③ 秋《あき》空《ぞら》 → 秋空

④ 作《つく》る → 作る

⑤ 理《り》科《か》 → 理科

⑥ 少《すこ》し → 少し

光村2年③

87

78

78 月 日

紙コップ花火の作り方／おもちゃの作り方…②～ふゆがいっぱい

たりないのは どこ（かたちを よく見て）

24 名まえ

たりない ところを 見つけて、正しく かこう。

① 谷《たに》川《がわ》 → 谷川

② 細《ほそ》い → 細い

③ 手《て》首《くび》 → 手首

④ 鳴《な》く → 鳴く

⑤ 心《こころ》のこり → 心のこり

⑥ 冬《ふゆ》休《やす》み → 冬休み

光村2年③

88

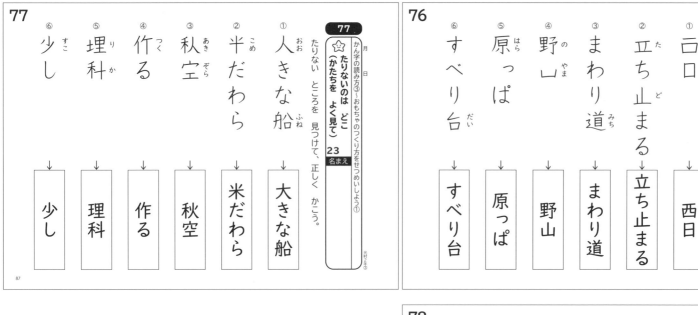

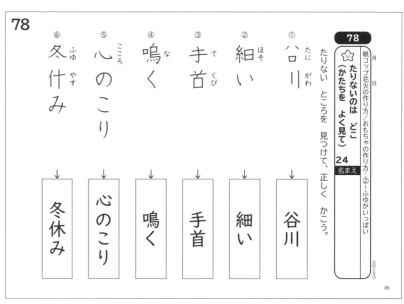

79

79 かん字を 入れよう 12

名まえ

文を よんで、ぴったりの かん字を 入れよう。

①こたえが分かった人は、手をあげましょう。

②なわとびを、つづけて十回とぶ。

③まちがった字を、書き直しましょう。

④おり紙で、千ばづるをおりました。

⑤学校の遠足で、どうぶつ園に行く。

⑥学校からかえって友だちの家であそぶ。

ヒント 回 友 直 分 紙 遠

80

80 かん字を 入れよう 13

名まえ

文を よんで、ぴったりの かん字を 入れよう。

①遠足の日に朝早く目がさめた。

②はをみがいたあと、つめたい水で顔をあらう。

③わたしは、毎日、日記をつけています。

④ボールが、かおに当たって、はなぢが出た。

⑤前の人と間をあけて、ならびましょう。

⑥早おきして、ねむかったので昼ねをした。

ヒント 当 毎 昼 朝 顔 間

81

81 かん字を 入れよう 14

名まえ

文を よんで、ぴったりの かん字を 入れよう。

①ほうちょうで、リンゴを半分に切った。

②くらくなったので、へやの電気をつけた。

③天気のよい日は外に出てあそびましょう。

④きのうの遠足は、とても楽しかった。

⑤小さいころから、親しい友だちです。

ヒント 楽 半 親 電 外

82

82 かん字を 入れよう 15

名まえ

文を よんで、ぴったりの かん字を 入れよう。

①おとうさんに、父の日のプレゼントをわたす。

②おかあさんに、母の日のプレゼントをわたす。

③わたしの上には、姉と兄がいる。

④わたしの下には、妹と弟がいる。

⑤お昼の十二じを、正午という。

⑥月のない夜、空に、ほしが光っている。

ヒント 父 弟 兄 夜 母 午

83

83
なかまのことばとかん字②
月　日
かん字を　入れよう　16
名まえ
光村2年④

文を　よんで、ぴったりの　かん字を　入れよう。

①生かつ科で、朝顔をそだてました。
②ひこうきにのって、がい国に行く。
③二じかん目は、こく語のべんきょうでした。
④あしたは、こくごと算数のテストがある。
⑤休みの日も、きそく正しい生活をしましょう。
⑥学校の前は、どうろ工じで車が通れない。

ヒント　工　国　活　語　科　算

84

84
お手紙
月　日
かん字を　入れよう　17
名まえ
光村2年④

文を　よんで、ぴったりの　かん字を　入れよう。

①公園まで、自てん車にのって行く。
②わたしは、毎朝七時におきます。
③学校がおわって、家に帰りました。
④みんなで、何をしてあそぶかそうだんした。
⑤このくつは、足にぴったり合っている。

ヒント　時　帰　合　自　何

85

85
主語と述語に　気をつけよう①
月　日
かん字を　入れよう　18
名まえ
光村2年④

文を　よんで、ぴったりの　かん字を　入れよう。

①たぬきの親子が、山里でくらしていました。
②今週の金曜日は、遠足です。
③きゅう食当番で、パンをくばる。
④遠足のバスで、アニメのえい画を見た。
⑤クレヨンで、が用紙に、絵をかいた。

ヒント　画　用　週　里　番

86

86
主語と述語に　気をつけよう②／かん字の読み方①
月　日
かん字を　入れよう　19
名まえ
光村2年④

文を　よんで、ぴったりの　かん字を　入れよう。

①おり紙を三角におって、つるをつくる。
②見つかったので、おにを交たいしました。
③よがあけて、空が明るくなった。
④夜の空に、あかるい星が光っている。
⑤しんかん線から東きょうタワーが見えた。
⑥ならや京とには、お寺が多い。

ヒント　東　星　角　京　明　交

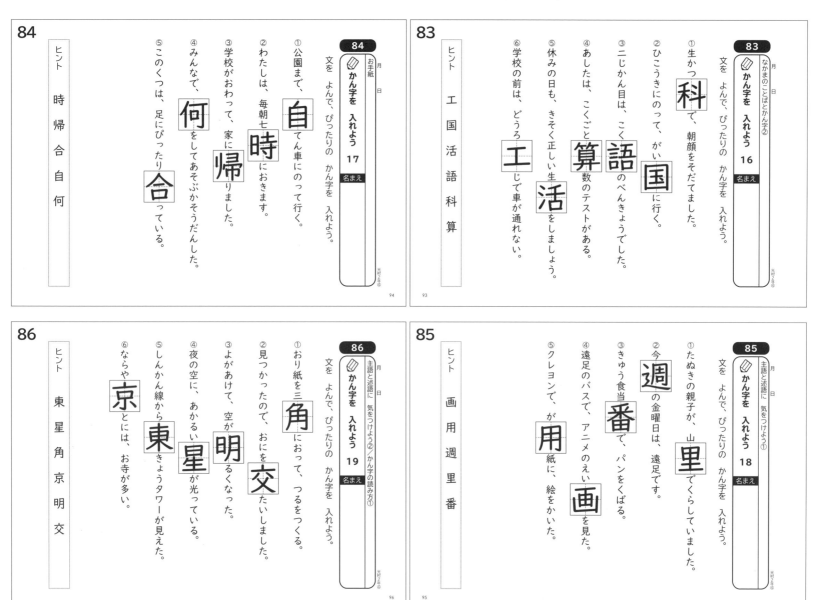

87

月　日
かん字の読み方②
かん字を　入れよう　20
名まえ
光村2年④

文を　よんで、ぴったりの　かん字を　入れよう。

①おじいさんの古いとけいは、うごかない。
②山のお寺のかねが、「ゴーン」となった。
③夕日が、西の山にしずんでいく。
④きゅうブレーキをかけて、車が止まった。
⑤この道をまっすぐ行くと、公園です。
⑥広い野原にねころんで、空を見た。

ヒント　寺　古　西　野　止　道

97

88

月　日
かん字の読み方③／あきがいっぱい／そうだんにのってください
かん字を　入れよう　21
名まえ
光村2年④

文を　よんで、ぴったりの　かん字を　入れよう。

①広い原っぱで、かけっこをする。
②公園のすべり台であそびました。
③このみなとから、船でしまにわたる。
④田んぼでいねをそだてて、米をつくる。
⑤コスモスやききょうは秋にさく花です。
⑥このはたけでは、レタスを作っている。
⑦三年生から理科のべんきょうがはじまる。

ヒント　台　米　原　秋　船　作　理

98

89

月　日
紙コップ花火の作り方〜ふゆがいっぱい
かん字を　入れよう　22
名まえ
光村2年④

文を　よんで、ぴったりの　かん字を　入れよう。

①男の子の人数が、女の子より少し多い。
②山と山の間の谷に、川がながれている。
③ゴボウは細くて、長いやさいです。
④キリンは、首が長くて、せが高い。
⑤すず虫がリンリンと鳴いている。
⑥このお話は、とても心にのこりました。
⑦二学きがおわって、あしたから冬休みです。

ヒント　少　心　谷　冬　細　鳴　首

99

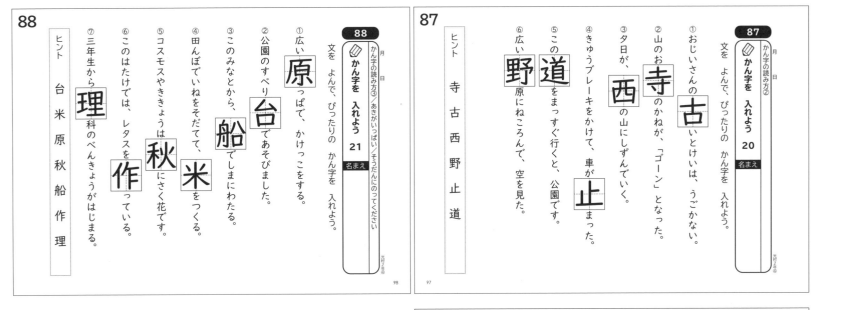

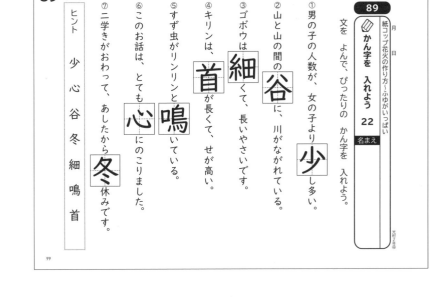

90

月　日
かたかなで書くことば

90
かくれた パーツを さがせ 25
名まえ

光村2年①

かくれた パーツを さがして、かんせいさせよう。

① 戸《と》　戸《と》をあけて出《で》る。
② 麦《むぎ》　小麦《こむぎ》こをこねる。
③ 茶《ちゃ》　お茶《ちゃ》わん一《いっ》ぱい。
④ 地《ち》　大地《だいち》に立《た》つ。
⑤ 市《いち》　八日《ようか》に市《いち》が立《た》つ。
⑥ 場《ば》　学校《がっこう》のすな場《ば》。

91

月　日
ロボット／カンジーはかせの大はつめい

91
かくれた パーツを さがせ 26
名まえ

光村2年①

かくれた パーツを さがして、かんせいさせよう。

① 答《こた(え)》　答《こた》えを見《み》る。
② 歩《ある(く)》　森《もり》の中《なか》を歩《ある》く。
③ 才《さい》　かん字《じ》の天才《てんさい》。
④ 門《もん》　校門《こうもん》の左《ひだり》。
⑤ 弓《ゆみ》　竹《たけ》でできた弓《ゆみ》。
⑥ 矢《や》　とがった矢《や》の先《さき》。

92

月　日
すてきなところをつたえよう／スーホの白いうま①

92
かくれた パーツを さがせ 27
名まえ

光村2年①

かくれた パーツを さがして、かんせいさせよう。

① 計《けい》　計《けい》かくを立《た》てる。
② 室《しつ》　教室《きょうしつ》に入《はい》る。
③ 馬《うま》　馬《うま》の足《あし》。
④ 北《きた》　川《かわ》の北《きた》がわの山《やま》。
⑤ 牛《うし》　大《おお》きい牛《うし》。

93

月　日
スーホの白い馬②／楽しかったよ、二年生

93
かくれた パーツを さがせ 28
名まえ

光村2年①

かくれた パーツを さがして、かんせいさせよう。

① 走《はし(る)》　力《ちから》いっぱい走《はし》る。
② 売《う(る)》　花《はな》を売《う》る。
③ 弱《よわ(る)》　雨《あめ》で虫《むし》が弱《よわ》る。
④ 強《つよ(い)》　右手《みぎて》の力《ちから》が強《つよ》い。

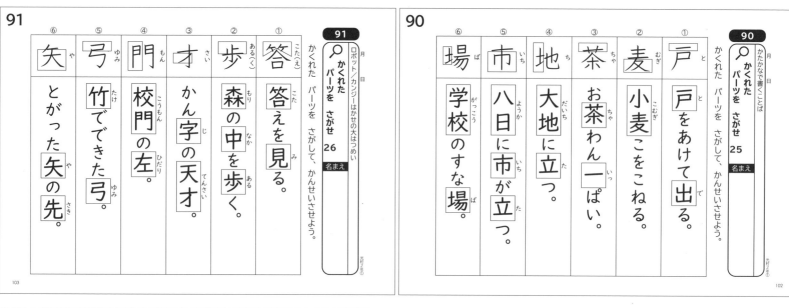

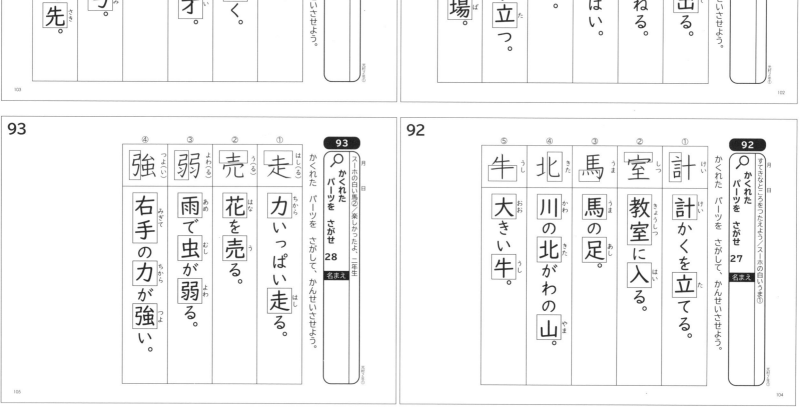

3学期の答え 94～97

94

94 ＋かん字 たしざん 20

かたかなで書くことば／ロボット

月　日

名まえ

かん字の たしざんを しよう。

＊こたえの かん字で ことばを つくろう。

① 一＋尸＝戸 → 雨戸
② 龶＋夂＝麦 → 麦茶
③ 艹＋人＋木＝茶 → 茶色
④ 土＋也＝地 → 地きゅう
⑤ 亠＋巾＝市 → 市場
⑥ 土＋日＋勿＝場 → 広場
⑦ ⺮＋人＋合＝答 → 答え
⑧ 止＋少＝歩 → 山歩き

光村2年②

106

95

95 ＋かん字 たしざん 21

カンジーはかせの大はつめい／すてきなところをつたえよう

月　日

名まえ

かん字の たしざんを しよう。

＊こたえの かん字で ことばを つくろう。

① 一＋亅＋丿＝才 → 才のう
② 門の左＋門の右＝門 → 校門
③ コ＋㇉＝弓 → 弓矢
④ 𠂉＋大＝矢 → 矢じるし
⑤ 言＋十＝計 → 計算
⑥ 宀＋云＋土＝室 → 教室

光村2年②

107

96

96 ＋かん字 たしざん 22

スーホの白い馬／楽しかったよ、二年生

月　日

名まえ

かん字の たしざんを しよう。

＊こたえの かん字で ことばを つくろう。

① 馬の上＋㇆＋灬＝馬 → 竹馬
② 丬＋匕＝北 → 北風
③ 𠂉＋｜＝牛（別解 午） → 大きい牛
④ 土＋龰＝走 → 走る
⑤ 士＋冖＋儿＝売 → やす売り
⑥ 弓＋弓＝弱 → 弱る
⑦ 弓＋ム＋虫＝強 → 力強い

光村2年②

108

97

97 ＋かん字 たしざん 23

ふくしゅうもんだい

月　日

名まえ

かん字の たしざんを しよう。

＊こたえの かん字で ことばを つくろう。

① 言＋士＋冗＝読 → 読む
② 聿＋土＋日＝書 → 書く
③ 亠＋二＋口＝言 → 言う
④ 言＋千＋口＝話 → 話す
⑤ 門＋耳＝聞 → 聞く
⑥ 亻＋乍＝作 → 作る

光村2年②

109

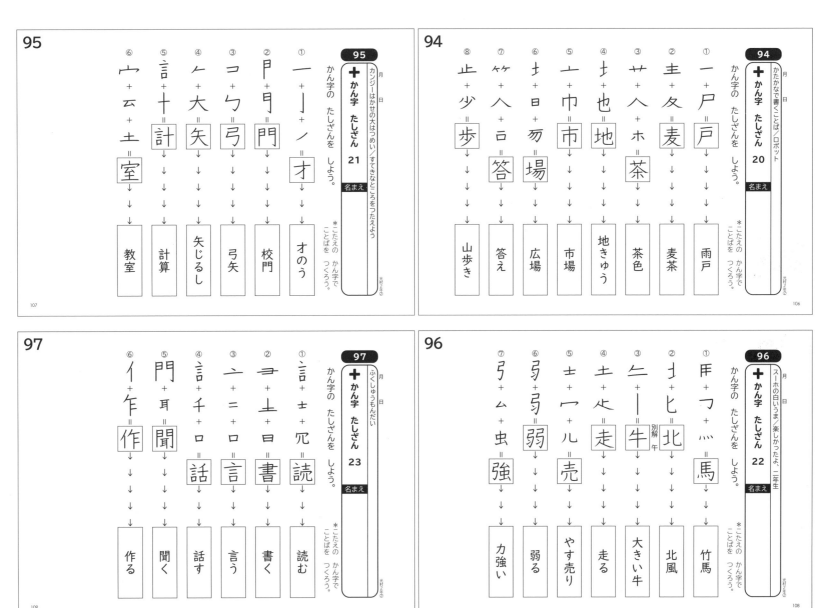

98

98 かたかなで書くことば 月 日

たりないのは どこ (かたちを よく見て) 25 名まえ

たりない ところを 見つけて、正しく かこう。

① 雨戸《あまど》 → 雨戸
② 麦茶《むぎちゃ》 → 麦茶
③ 茶色《ちゃいろ》 → 茶色
④ 地《ち》きゅう → 地きゅう
⑤ 市場《いちば》 → 市場
⑥ 広場《ひろば》 → 広場

光村2年③ 110

99

99 ロボット／カンジーはかせの大はつめい 月 日

たりないのは どこ (かたちを よく見て) 26 名まえ

たりない ところを 見つけて、正しく かこう。

① 答《こた》え → 答え
② 山《やま》歩《ある》き → 山歩き
③ 才《さい》のう → 才のう
④ 校《こう》門《もん》 → 校門
⑤ 弓《ゆみ》矢《や》 → 弓矢
⑥ 矢《や》じるし → 矢じるし

光村2年③ 111

100

100 すてきなところをつたえよう／スーホの白いうま① 月 日

たりないのは どこ (かたちを よく見て) 27 名まえ

たりない ところを 見つけて、正しく かこう。

① 計《けい》算《さん》 → 計算
② 教《きょう》室《しつ》 → 教室
③ 竹《たけ》馬《うま》 → 竹馬
④ 北《きた》風《かぜ》 → 北風
⑤ 大《おお》きい牛《うし》 → 大きい牛

光村2年③ 112

101

101 スーホの白い馬②／楽しかったよ、二年生 月 日

たりないのは どこ (かたちを よく見て) 28 名まえ

たりない ところを 見つけて、正しく かこう。

① 走《はし》る → 走る
② やす売《う》り → やす売り
③ 弱《よわ》る → 弱る
④ 力《ちから》強《づよ》い → 力強い

光村2年③ 113

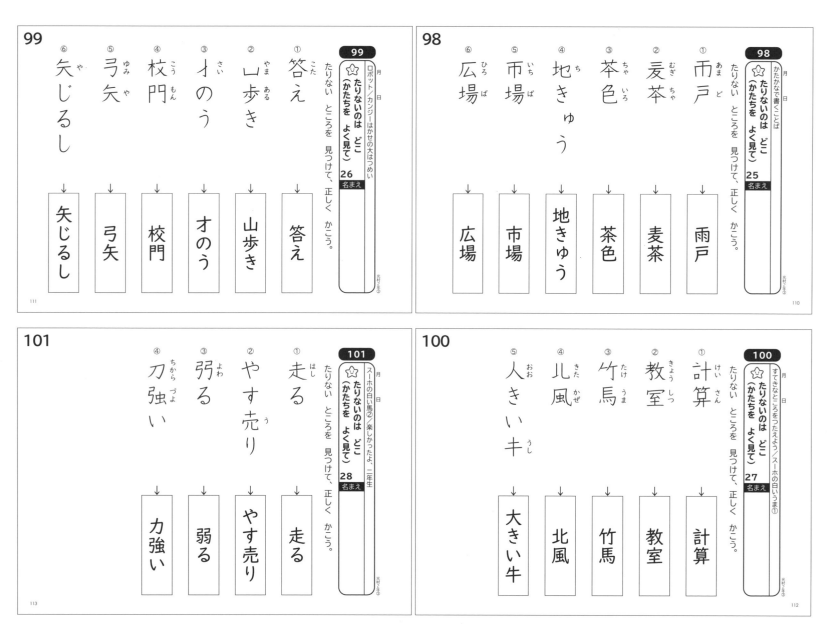

102

102 かたかなで書くことば／ロボット①

月　日

かん字を　入れよう　23

名まえ

文を　よんで、ぴったりの　かん字を　入れよう。

① ドアにかぎをかけて、戸じまりをする。

② パンやパスタは、小麦から作られます。

③ ごはんをお茶わんに山もりに入れる。

④ わたしたちのすむ星は、地きゅうです。

⑤ 町の市ばで、くだものを買う。

⑥ おもちゃうり場でゲームをさがした。

⑦ テストのもんだいの答えを考える。

ヒント　場　麦　答　地　市　茶　戸

光村2年④

114

103

103 ロボット②／カンジーはかせの大はつめい／すてきなところをつたえよう

月　日

かん字を　入れよう　24

名まえ

文を　よんで、ぴったりの　かん字を　入れよう。

① ろうかは、はしらないで歩きましょう。

② あの人は、コンピューターゲームの天才です。

③ 学校の入口には校門がある。

④ まとをねらって、思い切り弓を引いた。

⑤ まとのまん中に矢がささっている。

⑥ 夏休みの計かくを立てましょう。

⑦ 二年一組の教室は二かいです。

ヒント　計　歩　門　矢　室　才　弓

光村2年④

115

104

104 スーホの白いうま／楽しかったよ、二年生

月　日

かん字を　入れよう　25

名まえ

文を　よんで、ぴったりの　かん字を　入れよう。

① たてがみをなびかせて、馬がはしっている。

② 雪がふり、つめたい北風もふいてきた。

③ ぼくじょうで、牛が草を食べている。

④ チーターは、走るのがとてもはやい。

⑤ 新しいゲームソフトは売り切れました。

⑥ うんどうをしないと、体が弱ってしまう。

⑦ ゴリラは、力が強いどうぶつです。

ヒント　走　牛　弱　北　売　強　馬

光村2年④

116

105

105 ふくしゅうもんだい

月　日

かん字を　入れよう　26

名まえ

文を　よんで、ぴったりの　かん字を　入れよう。

① 新かん線から東京タワーが見えた。

② 夕日が、西の山にしずんでいく。

③ このへやは、南むきで、とても明るい。

④ 雪がふり、つめたい北風もふいてきた。

⑤ 一番前から、うしろにまわしてください。

⑥ 足音がしたので、後ろをふりむいた。

ヒント　前　西　南　後　北　東

光村2年④

117

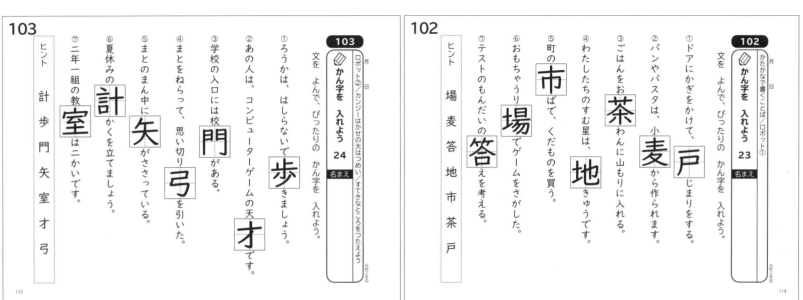

【監修者】

竹田　契一（たけだ　けいいち）
大阪医科薬科大学LDセンター顧問，大阪教育大学名誉教授

【著者】

村井　敏宏（むらい　としひろ）
青丹学園発達・教育支援センター フラーテルL.C.,
S.E.N.S（特別支援教育士）スーパーバイザー，言語聴覚士，
日本LD学会会員，日本INREAL研究会事務局

中尾　和人（なかお　かずひと）
小学校教諭，S.E.N.S（特別支援教育士），公認心理師，
精神保健福祉士，日本LD学会会員

【イラスト】　木村美穂
【表紙デザイン】　㈲ケイデザイン

通常の学級でやさしい学び支援
改訂　読み書きが苦手な子どもへの
＜漢字＞支援ワーク　光村図書2年

2024年8月初版第1刷刊	監修者	竹　田　契　一
2025年7月初版第2刷刊	ⓒ著　者	村　井　敏　宏
		中　尾　和　人
	発行者	藤　原　光　政
	発行所	明治図書出版株式会社

http://www.meijitosho.co.jp
（企画・校正）西野千春
〒114-0023　東京都北区滝野川7-46-1
振替00160-5-151318　電話03（5907）6640
ご注文窓口　電話03（5907）6668

＊検印省略　　　　　組版所 株式会社明昌堂

本書の無断コピーは，著作権・出版権にふれます。ご注意ください。
教材部分は，学校の授業過程での使用に限り，複製することができます。

Printed in Japan　　　　　ISBN978-4-18-889229-9
もれなくクーポンがもらえる！読者アンケートはこちらから　→

読み、い、い、書きが苦手な子どもたちへ。

累計十万部の超ベストセラー
『通常の学級でやさしい学び支援』

◎シリーズ初のアプリ好評配信中

ひらがなトレーニング

- しりとりあそび
- おとのある・ないクイズ
- いくつのおとかな？
- このおとどれだ？

明治図書

「ひらがなトレーニング」は、村井敏宏先生の長年にわたる、小学校ことばの教室での実践研究をベースにした教材プログラムです。このアプリが一味違うのは『子どもの言語発達』の流れに沿った難易度であり、しかも実証されたデータにも基づくわかりやすく、使いやすい教材だからです。

落ち着きがない、先生の話を聞くのが苦手、授業に集中できないなどの子どもたちでも、実際このアプリを使うと、最後まで楽しく、集中して取り組めていました。

子どもたちのヤル気を促し、教育効果の上がるゲーム感覚のアプリは今までになかったものです。多くの方々に使っていただけたら幸いです。

大阪教育大学名誉教授
竹田契一

通常の学級でやさしい学び支援 ④
読み書きが苦手な子どもへの〈漢字〉支援ワーク
4〜6年編
竹田契一=監修 村井敏宏=著

通常の学級でやさしい学び支援 ③
読み書きが苦手な子どもへの〈漢字〉支援ワーク
1〜3年編
竹田契一=監修 村井敏宏=著

通常の学級でやさしい学び支援 ②
読み書きが苦手な子どもへの〈つまずき〉支援ワーク
竹田契一=監修 村井敏宏=著

通常の学級でやさしい学び支援 ①
読み書きが苦手な子どもへの〈基礎〉トレーニングワーク
竹田契一=監修 村井敏宏・中尾和人=著

明治図書　お問い合わせ先：明治図書出版メディア事業課
〒114-0023 東京都北区滝野川 7-46-1

http://meijitosho.co.jp/app/kanatore/
e-mail: digital@meijitosho.co.jp